AF453247

PAUL-JONES,

OU
PROPHÉTIES
SUR
L'AMÉRIQUE, L'ANGLETERRE, LA FRANCE, L'ESPAGNE, LA HOLLANDE, &c.

PAR
PAUL-JONES

CORSAIRE, PROPHÉTE & SORCIER *comme il n'en fût jamais.*

Y JOINT
LE RÊVE
D'UN
SUISSE
SUR
LA RÉVOLUTION
DE
L'AMÉRIQUE,

Dédié
à Son Excellence M^{gneur} l'Ambassadeur FRAN-KLIN, & à leurs Nobles & Hautes PUISSANCES MESSEIGNEURS DU Congrès.

DE L'ERE
DE
L'INDÉPENDANCE
DE
L'AMÉRIQUE
L'AN V.

„ Il y a long-tems qu'on n'avoit vû de Pro-
„ phéte au monde. Il étoit refervé, de
„ nos jours, à l'*Amérique* où fe font, à pré-
„ fent, tant de miracles, de nous en don-
„ ner un.

„ Ici, qu'on admire la profondeur des def-
„ feins du GRAND TONNANT de choifir un
„ forban, brigand, écumeur, voleur de mer,
„ pour en faire fon Prophéte, & prédire l'a-
„ venir aux Puiffances de la terre!

„ Ainfi jadis furent choifis pour annoncer
„ la BONNE NOUVELLE, un pêcheur, com-
„ me qui diroit un gros lourdaut d'*Hollandois*;
„ un pâtre, comme qui diroit un gros gars de
„ *Normandie*; un favetier, comme qui diroit
„ un de ces Connétables à *manicle* qui mettent
„ des bouts & des talons aux bottes pour *Six*
„ *blancs* (*).

„ Ainfi un larron, c'étoit *Barrabas*.... mais,
„ n'en difons pas davantage, fi non qu'on s'eft
„ permis avec toute la révérence, le refpect,
„ la décence, que mérite le faint Prophéte,
„ d'in-

____

(*) Deux fous & demi de PARIS.

,, d'interpréter, d'après les courtes lumières
,, d'un foible mortel, les plus frapantes de ſes
,, divines prophéties. S'il exiſte un plus grand
,, forcier que nous dans le monde, & qu'il aît
,, la clef de l'avenir, qu'il ſe dépêche à nous
,, la donner. Il eſt tems: car

,, l'*Amérique* a la colique : — l'*Angleterre*
,, tombe par terre : — la *France* n'a ni politi-
,, que ni ſcience : — l'*Eſpagne* ni ſou, ni
,, maille : — la *Hollande* va vraiment devenir
,, une lande. Eh ! les autres Etats, que de-
,, viendront-ils ? nous n'en ſavons encore rien :
,, mais peut-être le grand *Paul-Jones*, nous
,, l'apprendra-t-il un jour ! "

En attendant, l'AMI, prête bien attention
aux paroles du Prophéte, ainſi qu'au rêve du
Suiſſe.

PAUL-

PAUL-JONES,

OU

PROPHÉTIES

SUR

L'AMÉRIQUE, L'ANGLETERRE, LA FRANCE, L'ESPAGNE, LA HOLLANDE, &c.

CHAPITRE PREMIER.

I.

En la quatriéme année de l'INDÉPENDANCE de l'*Amérique*, au douziéme mois, au vingt-septiéme jour du mois, la parole du GRAND TONNANT fut adreffée, en la rade du *Texel*, au Prophéte *Paul-Jones*, fils de fon père, difant:

II.

Monte fur ton vaiffeau : fieds-toi : prens ta lunette & regarde. Et *Paul-Jones* eft monté, s'eft affis le cû par terre, a pris fa lunette, a regardé, & a vû *Fielding* le Commodore.

A 3   III.

(6)

III.

Le Grand Tonnant a dit: prens ton chapeau, mets à tes cheveux un crapaud, la main au gouvernail, déchauffe toi, mets bas ta culotte, rebrouffe toi bien haut, & paffe la mer.

IV.

Paul-Jones a mis fon chapeau, à fes cheveux un crapaud, la main au gouvernail, s'eft dé- chauffé, déculotté, bien haut s'eft rebrouffé, a paffé l'eau, & arrivé à bon port.

V.

Le Grand Tonnant a dit: prens un grand rouleau, & qu'il foit tel: fa longueur de cent-une coudées, fa largeur de vingt-cinq trois quarts & un pouce (*), écris fur lui d'une tou- che dont les caractères foient auffi groffiers que trois meüles de moulin, dont les points foient comme deux éléphans, les virgules comme quatre vaches; que ta plume foit d'un greffe

de

______

(*) Le Prophéte a oublié de nous dire de quelle matiére étoit ce rouleau. S'il étoit obligé de le manger & de s'en remplir le ventre, comme jadis *Ezéchiel*, il devroit avoir une fiere garganule ! Encore rifqueroit-il d'avoir une rude indigeftion.

de fer, & d'un ongle de diamant; ton encre de camphre, camboui, poix-réfine, goudron; tu y mettras cinq quintaux de fucre d'orge, & trois charretées d'œufs de poule-d'Inde, pour la clarifier.

VI.

Ecris: que le GRAND TONNANT a déployé fes enfeignes en *Amérique*: a fait flotter fes éten-darts dans les deux mondes: a battu du tambour vers les nations étrangères: fonné de la trom-pette, fifflé à tous les peuples depuis un bout de la terre à l'autre: & voilà que de tous les coins font venus gens habiles au combat; de toutes les rües, carrefours, cûs de fac de l'univers, font arrivés chevaux petillans, chariots fautillans, canons fendans, mortiers brûlans, plomb, poudre, foufre, falpêtre, felles, bri-des, fufils, bayonnettes.

VII.

Le GRAND TONNANT a dit, écris ces chofes à l'*Amérique*:

VIII.

Tu pafferas par la pierre de touche: tu feras éprouvée au creüfet d'affliction: tu pafferas par la cafferole des angoiffes: tu feras fricaffée à

la

la poële, comme on fricasse une fricassée de poulet.

IX.

Tu seras en détresse & douleurs, pire qu'une femme qui a le coït étroit, & qui accouche: tu seras livide & morne comme une jeune fille qui a ses ordinaires, comme une qui est en travail d'enfant, & qui va mettre au monde son premier né.

X.

Tu mangeras du pain de langueur, & tu boiras de l'eau d'angoisse.

XI.

Tu seras frapée de la coignée, sciée de la scie, foüettée de la verge.

XII.

Tu seras vanée avec un van dans ton propre pays: ta terre sera dépeuplée; ton peuple périra; tes veüves seront en si grand nombre que les morües à *Terre-neuve.*

XIII.

Heureufe *Amérique !* si tes gens ne mangent point la chair de leurs fils, & la chair de leurs filles, la chair de leurs chevaux, & la chair de

leurs

leurs cavalles, la chair de leurs chiens, & la chair de leurs chats, & fi un chacun ne mange point la chair de fon compagnon, durant le tems où ton ennemi te preffera les flancs.

XIV.

La maigreur viendra fur tes gens gras : il s'élevera fur toi un embrafement, tel que l'embrafement du feu d'un paillère.

XV.

Ta terre fera entieremenr froiffée, entierement écrafée, entierement ruinée : elle fera comme un fol remüé de fa place. Tes villes ne feront que monceaux de pierres : tes cités que ruines : tes campagnes que déferts : ton pays fera défolé, ravagé, détruit.

XVI.

Le Léopard rugira fur toi : jettera fes horribles rugiffemens : fon fouffle fera comme la lave du mont *Véfuve*. Sa fureur ne t'oppofera que ronces & épines : fa préfence que déchirement, torture & mort.

XVII.

Ton ennemi détruira l'arbre avec le fruit, le déracinera, l'exterminera, le brûlera dans le

A 5

feu,

feu, afin qu'il ne reste plus sur la terre de mémoire de son nom.

XVIII.

Tu seras brisée & froissée comme une bouteille, des piéces de la quelle on auroit peine à trouver un test pour prendre assez de feu du foyer pour allumer une pipe, ou puiser de l'eau du ruisseau pour donner à boire à un serin.

XIX.

Les chariots de ton ennemi sont tirés par des étalons, & les tiens par des ânes. Ton ennemi est un lion rugissant qui, tandis qu'il lui restera un croc d'ivoire dans sa machoire, te croquera comme une noisette.

XX.

Sa fureur tombera sur toi comme un feu subtil, & te dévorera, toi, tes terres; il butinera du butin; il pillera du pillage; il te foulera comme la boüe des rües; il te réduira à la besace: tu devras aller mandier son pain.

XXI.

Mais prens courage, prens courage, *Amériqui!* il y a espoir pour tes derniers jours.

XXII.

XXII.

Dès que tu auras été bien frapée de l'épée &
du bâton, tu échaperas au bâton & à l'épée.

XXIII.

Tes maisons démolies seront rebaties; tes dé-
serts deviendront champs fleuris; tu planteras la
vigne; tes planteurs planteront, & en recueilli-
ront les fruits. Après avoir bû en une gourde
comme les pélerins de *St. Jaques*, tu boiras en
des coupes d'or, comme le *Pape* quand il dit sa
première Messe au maître-Hôtel de St. *Pierre*
de *Rome*. Après avoir couché sur la paille comme un *Auvergnat*, porteur d'eau à *Paris*, tu
coucheras en des lits de velours & d'écarlate
comme feüe la *Pompadour*, de gloriëüse mémoire, en son vivant très digne P U T E de feüe
sa Majesté Louis XV. P A R L A G R A C E D E
D I E U , Roi de *France*, de *Navarre* & de
Corse.

XXIV.

Que tes gens de guerre s'approchent: qu'ils
forgent des épées de leurs couteaux, & des ba-
yonnetes de leurs ciseaux: qu'ils se ramassent
des contrées d'alentour, & qu'ils combattent
comme des preux !

XXV.

XXV.

Avant que le loup habite avec l'agneau; que le léopard gîte avec le chevreau; que le veau, le lionceau & autres bêtes, bétail & pécores faſſent chambrée enſemble:

XXVI.

Prépare, d'ici là, la boucherie de tes pères, mères, femmes, enfans, oncles, tantes, couſins, couſines, & leur viande ſervira de pâture aux oiſeaux de proye.

XXVII.

Mais ne te déconforte pas, *ô Amérique!* tu es dans le jour de trouble, de tourment, de perplexité : mais un jour, un jour, un jour, tu feras à ton aiſe: tu mangeras des grives, des perdrix, des cailles, des faiſans, des ortolans; tu feras des ragoûts avec des champignons & des trufes, & tu boiras du vin de *Malaga*, du vin d'*Alicante*, du vin du *Rhin*, du vin de *Moſelle*, du vin du *Cap*, du vin de *Tokai*, du vin des *Canaries*, & une bolle de punch, auſſi bonne que la peut boire le Lord Maire de *Londres*.

XXVIII.

XXVIII.

Combats vaillament: combats jufqu'à la mort, & tu gagneras la couronne de l'INDÉPENDANCE.

XXIX.

Ta tribulation ne fera que de dix jours; ton afflicton que de vingt, & ta mifère que de cent.

XXX.

Si ta vie ne s'étend pas jufqu'aux dix, vingt & cent jours (*); fi tu es pendant ces cent trente jours, en tribulation, affliction, pauvreté & mifère:

XXXI.

Au cent-trente & uniéme, les arriéres petits enfans de tes petits enfans feront riches, difpos & gais, danferont, joueront du violon, batteront du tambour, fonneront du corps de chaffe, de la trompette; auront un Opera, comme l'Opera de *Paris*.

XXXII.

(*) Affurément le Prophéte entend par ces dix, vingt & cent jours, dix vingt & cent ans: c'eft confolant pour les générations futures-futures, fi la fin du monde n'arrive pas avant ce tems; mais bien affligeant, bien défolant pour la préfente & fuivante. Mais, Dieu foit béni! Il faut fe confoler de tout.

XXXII.

O *Amérique!* tu feras en angoiffe, détreffe, affliction, pauvreté, mifère: mais le GRAND TONNANT connoit ton courage, ta force, ton travail, tes œuvres, ta patience.

XXXIII.

Ne crains rien des chofes que tu auras à fouffrir: tu deviendras riche, opulente, puiffante.

XXXIV.

Il arrivera que le Léopard *Anglois* qui eft le petit fils du ferpent ancien, appellé le Diable, & Satan & Léviathan, qui a une queüe de Scorpion, & des aiguillons à fa queüe qui piquent comme des épingles, foufflé par ce Diable de Léopard, te fufcitera toutes fortes de tribulations; te tendra toutes fortes de piéges pour te prendre en fes lacs.

XXXV.

Mais un fecond *Michel* l'Archange (*), à peu près comme le premier *Michel* quand il difputoit,

com-

___

(*) Ce fecond *Michel* ne peut être fûrement que le Roi de *France*. Ce n'eft pas le Roi d'*Efpagne*, car celui-ci ne reffemble pas plus à *Michel* l'Archange, que l'oifeau de St. *Luc*.

combattant avec le Diable , touchant le corps de *Moïse* , contestera , disputera , combattra pour toi contre tes anciens frères les *Anglois* , pour l'INDÉPENDANCE de ton pays.

XXXVI.

Ecoute, dit le GRAND TONNANT au Prophéte : le débat de l'*Amérique* va ébranler les plus fermes fondemens des Royaumes, les plus fières poutres, les plus forts folivaux des Puissances de la terre.

XXXVII.

L'*Amérique* donne du rum à boire aux plus hauts & plus gros Potentats du monde, mais ces Potentats trébucheront & tomberont par terre comme des ivrognes.

XXXVIII.

Le Roi de *France* le premier combattra pour elle ; entrera pour elle en débat avec l'*Angleterre*: mais le Roi de *France* fera auffi bien peigné qu'on peigne une perruque.

XXXIX.

Le Roi de *Caftille* fe mettra auffi fur les rangs, mais, plus d'une fois, il s'en mordra les pouces. Si les *Caftillans* n'ont pas fur leur cu, c'eft

qu'ils

qu'ils s'enfuiront comme voleurs. Mais gare, gare, qu'ils ne se retirent comme les chiens la queüe entre les jambes!

XL.

O *Amérique !* depuis la plante de tes pieds, jusqu'à la cime des cheveux de ta tête, je ne vois en toi que blessures, meurtrissures & playes : d'ici là que tu les aie bien nétoyées & bandées, tu seras en langueur, douleur & tourment.

XLI.

Mais prens courage : aie bonne espérance : avec le tems tu mettras en piéces le joug dont tu étois chargée : tu briseras le sceptre de fer & la verge de ton exacteur.

XLII.

Tes fleches deviendront aigües comme les pointes d'un porc-épic ; tous tes arcs seront tendus comme une paire de bas de soïe blancs sur la jambe d'un *Savoyard ;* les cornes des pieds de tes chevaux seront estimées comme des cailloux de riviére, & les roües de tes chariots dures comme roc de montagne.

XLIII.

Un peuple grand & puissant au quel il n'y à point de semblable sous la capelle des Cieux, te
prê-

prêtera fa grande, forte & puiffante épée, & t'aidera à écrafer la tête du léopard ton ennemi.

XLIV.

Il arrivera que l'*Anglois* trébuchera & tombera, fera enlaffé & pris en des piéges & en des lacs ; il tracaffera étant altéré & affamé, & il adviendra qu'en fa faim & en fa foif, il fe dépitera, il enragera, il maudira fon pays & fon Roi, regardera en haut, puis en bas, & ne verra que fépulcres, précipices & goufres : il fera enfoncé en opprobre & en ignominie.

XLV.

Mais, ô toi *Amérique !* dans dix, vingt, cent femaines (*), tu feras placée fur le pinacle, élevée comme le mont *Thabor*, comme les *Pirennées*, les *Alpes*, les *Cordetières*, comme le plus haut mont de la plus haute montagne.

XLVI.

Tu deviendras une Puiffance, comme il n'y a jamais eû de Puiffance. Tu feras la barbe à

tous

(*) Voilà encore notre Prophéte avec fes femaines; tantôt c'étoit dix, vingt, cent jours : à préfent, voici dix, vingt, cent femaines, bientôt, ce fera dix, vingt, cent ans : puis dix, vingt, cent fiécles. Voilà qui eft bougrement *Prophétique !*

tous les Empereurs & à tous les Rois, à tous les Sultans & Céfars de la terre. Le *Pape* ira peut-être un jour à *Bofton* baifer tes pantoufles.

XLVII.

Un jour, un jour tu feras affife fur un Trône, comme fur celui du Grand *Mogol*, ou de l'Empereur de la *Chine*.

XLVIII.

Tu auras de l'or, des diamans, des rubis, autant qu'un Diable chargé.

XLIX.

Tu auras un turban comme le Grand *Turc :* un bonnet de pourpre, d'écarlate, de cramoifi, & de fin lin retors comme le Doge de *Venife*, garni de pierre d'onix à quatre doubles rangs, & de fardoines, & de topazes, & d'agathes, d'émeraudes, de faphirs & de jafpes. Tu feras chargée de reliques comme un Rabbi *Juif*, tu auras un efcarboucle comme le Roi de *Maroc*.

L.

Tu auras, tu auras, oui tu auras des fantaf-fins, des cavaliers, des grenadiers, des dragons, des cuiraffiers, des houfards, enfin une armée

com-

comme le Roi de *Pruſſe*, & une marine comme ton grand ennemi le Roi d'*Angleterre*.

LI.

Les gens de ton Congrès feront comme autant de Rois de l'*Europe*, de grans & gros puiſſans Seigneurs : de hautes, grandes & groſſes Puiſſances : ils auront des Ambaſſadeurs dans toutes les cours comme ton grand ami & grand allié le Roi de *France*.

LII.

O *Amérique!* tu feras dans l'affliction, la conſternation, les angoiſſes, les tortures : tu feras comme une femme à qui on donne la queſtion au Châtelet de *Paris*, & qui va être pendüe à la *Gréve* (*). Tu feras comme un dindon qu'on rôtit à la broche, ou un pigeon ſur le gril. Malheur à toi, malheur ſur toi, pendant dix, vingt, cent ans (†) !

LIII.

Mais, après la tempête le calme, après la pluye le beau tems. Après ces dix, vingt, cent

ans

(*) La place des exécutions *Pariſienne*.

(†) Voilà encore des ans, après des jours & des ſemaines. Attendons un peu, & bientôt arriveront les ſiécles. Ceci eſt doublement-bougrement *Prophétique*.

ans de tourmens, de détreffe, d'oppreffion & d'angoiffes;

LIV.

Ta puiffance fera affermie par deffus les tours, les clochers, les montagnes, élevée par deffus les vignes & les côteaux. Toutes les nations de l'*Europe* aborderont chez toi ; les peuples iront & diront : allons, voyons fes voyes, & chéminons en fes fentiers : nous y trouverons une cabane pour l'ombre contre la chaleur, & un réfuge contre les vents & les tempêtes, & un os à ronger contre la faim.

LV.

Tous les Rois rechercheront ton alliance : les Princes feront tes nourriffiers, & les Princeffes leurs femmes tes nourrices. Tous les peuples, coureront lécher la poudre de tes pieds.

LVI.

Ton cou fera comme un barreau de fer ; ton front fera d'airain ; ta main comme une pierre de marbre ; tu feras comme une ville retrancheé & munie, comme le roc de *Gibraltar*, comme la citadelle de *Luxembourg*, ou de *Namur*, enfin comme la baftille de *Paris*.

LVII.

LVII.

Alors, il adviendra que le GRAND TONNANT fifflera aux baleines du *Groënland*, aux morües de *Terre-Neuve*, aux caftors du *Canada :* & les caftors, & les morües & les baleines viendront fe pofer en tes rets, comme un troupeau d'hirondelles.

LVIII.

Alors tu prendras le violon, tu joueras de la harpe : tu feras une partie de Wift : tu chanteras chants de tryomphe : la jeune fille danfera : & les jeunes gens & les anciens, [*s'il en refte*] danferont enfemble. Ton deüil fera tourné en joïe.

LIX.

Alors, alors, il n'y aura plus de fin à l'avancement de ton Empire & de ta profpérité.

CHA.

CHAPITRE II.

I.

Le Grand Tonnant ayant fait une pause, souffla de nouveau ces paroles au trou de l'oreille de son Prophéte *Paul-Jones*.

II.

O *Angle-terre !* terre, terre ! tu étois au zénith de la gloire : forte en armes, grande en tréfors, Reine des mers, Impératrice de l'océan !

III.

De l'ongle de ton petit doigt, tu donnois le branle à l'univers : tu étois pire que le coloffe de *Rhodes*, tu fefois paffer tout le monde entre tes jambes : tu donnois des coups de pied aux paffans ; tu ruois comme une mule.

IV.

Tu fefois trembler les Rois, & tous les Sultans & tous les Mogols de l'*Indus* redoutoient ta puiffance. De la *Chine* à *Londres*, & de *Londres* à la *Chine*, tes Amiraux bleus marchoient fur les eaux, la criniere en l'air, fiers comme des

mu-

mulets d'*Auvergne*. Ils étoient comme un étalon *Barbe* au milieu d'un troupeau de baudets.

V.

Tu étois Puiffance comme il n'y en a guère. Tu étois femblable à un lion parmi les peuples, & à une baleine dans les mers. Tu t'élancois avec fierté en les fleuves, ruiffeaux, rivières : tu troublois l'océan de tes pieds.

VI.

Tu étois comme un gros porc parmi une bande de petits gorets. Tu étois comme tes dogues & tes coqs, terrible. On n'entendoit *tout par tout* que le bruit de ton foüet. Tu claquois plus fort que ne claque le premier cocher du Roi, lorfqu'il monte pour la première fois fur le fiége. Mais tu as tant claqué les autres, que tu feras claquée à ton tour.

VII.

Attens, attens : on va te couper le prépuce : tu feras confufe comme un morpion fur les coüillons d'un *Jéfuite*, ou fur les tefticules d'un *Capucin* (*).   VIII.

(*) Monfieur le Prophéte, fauf refpect pour fon caractère, eft un peu poliffon. Des tefticules & des morpions, voilà qui choque toute oreille chafte. Des mules & des mulets, des étalons, des ânes, des dogues, des coqs, des gorets, des porcs, des prépuces, voilà qui eft contre décence,

VIII.

Déjà, vois-tu l'épéé flamboyante du grand *Charlemagne* qui repofe dans le tréfor de *St. Denis* en *France?*

IX.

Vois-tu le couteau de fept lieües qui eft dans la grande boucherie *Catholique* de *Madrid?* . C'eft avec ce furieux couteau que tu feras cir-confife. Il coupe en deux, d'un coup, le plus terrible taureau du monde, auffi aifément qu'on coupe une figue, une prune cuite au four, ou une pomme de capendu.

X.

On t'attrapera, va, je t'en réponds : on t'ap-prendra à vivre; à foüetter le cu des gens; à te moquer de tous les Rois & Reines de l'uni-vers; à faire une rifée de tous les Potentats de la terre; à regarder toutes les nations comme de la fiente de cochon, ou de la merde (*) de vache.

XI.

Va, va ton train, trinquant cemme un *Suiffe :* va coquine d'*Angle-terre*, droleffe, falope, putain,

(*) Voici qui paffe l'indécence. C'eft diablement puant, Mr. le Prophéte!

tain, chienne de maquerelle : tu as maquerellé tous les Etats du monde, tu feras maquerellée à ton tour. Tu en auras une bonne touche, va !

XII.

Tu mourras de la mort des chiens : tu auras la sépulture de l'âne : tu feras jettée à la voirie avec les charognes : traînée sur la claïe, rouée, pendüe, étranglée tant que mort s'en suive ;.. heureufe après çà, fi on ne t'envoye pas aux galères de *France*, ou aux préfides d'*Efpagne* en *Afrique !*

XIII.

C'eft chofe fure, ô pendarde ! tu feras chaffée, à coups de pied au cu, hors des portes de l'*Amérique !* heureufe encore, fi on ne t'affomme pas à coups de triques, de pierres, de cailloux, ou de briques, & fi on ne tire pas en quatre quartiers, comme *Châtel*, *Damien* & *Ravaillac !*

XIV.

Tu es un monftre pire que le Diable, plus méchante que Lucifer, plus noire que tous les damnés d'Enfer, tu as plus de malice que le Général des *Jéfuites*.

B 5

XV.

XV.

Mais, fais-tu que tu as à tes trouffes les de-
fcendans des quatre fils d'*Aimon*, des Dons *Qui-
chotes* & des *Gargantuas*?

XVI.

Sais-tu que le preux Comte d'*Eſtaing* a fait
fon apprentiffage dans la forêt de *Dordonne*:
qu'il connoit tous les hauts faits d'armes de
Renaud, de *Montauban*, & de fes trois frères
Alard, *Guichard* & *Richard*, & qu'il fort de la
cuiffe de leur grand coufin *Maugis*, & de *Ma-
brian* Roi de *Hiérufalem*, & de *Palmerin* d'*Olive*
fils du Roi *Florendos* Roi de *Macédoine*, defcen-
dant du côté gauche d'*Alexandre* le grand, &
de la belle *Griane*, fille de *Remininicicius* Empereur de *Conſtantinople* ? Sais-tu qu'avant de
partir de *Madrid*, pour te couper les oreilles, le
Roi des *Efpagnols* lui a donné un combat de
taureaux ?

XVII.

Tu en auras tout ton foul, va, incarnée
Diableffe, qui fais donner au Diable tout l'univers! on t'apprendra ton metier, va, fi tu ne
le fais pas : on t'apprenda à faire le tour du
monde pour faire enrager les gens ! Infatiable
gu-

guenon , double , triple forcière , quadruple, quintuple putain ! tu ne demandes que des écus , & pour ce, tu fais playes & boffes, tu rends la mer auffi rouge que le fang... Attens, attens , tu feras auffi penüe qu'un Miniftre de *France*, un Vifir de *Verfailles* à qui, inopinément, on donne de la pêle au cû.

XVIII.

Et toi , ville au gros jabot, ville gaillarde, qui te tenois en affurance ; qui difois en toi même: *C'eft moi*, & *il n'y en a point d'autre que moi: je fuis affife comme Reine*.....

XIX.

Malheur fur toi ! malheur fur toi ! le vent, la bife, la pluye, la grêle, la tempête, la foudre , les éclairs, le tonnerre vont fondre & crouler fur toi !

XX.

Tes mains , tes pieds , ton ventre jufqu'au fondement, étoient remplis de rapine & de proïe ; tu enlevois tout avec ton hameçon ; amaffois tout avec ton filet ; affemblois tout en tes rets. Tu te réjouiffois ; tu t'égayois ; tu fefois grand frico , torche plénière ; tu mangeois de bons *Pudings* & des *Roft-beef* de 100 livres pefant.

XXI.

XXI.

Tu avois multiplié tes facteurs en aussi grand nombre que les étoiles du ciel, que les poissons de la mer, que les lapins des garennes; tu avois des fourmilières de navires.

XXII.

Parce que tu étois opulente & puissante, tu étois orgueilleuse, inique, déloyale; tu forbanois, tu butinois, tu pillois, tu volois *tout partout*. Tu fefois des gains déshonnêtes, des lucres illicites; tu étois comme un sépulcre ouvert où tu mettois tous les peuples, où tu recueillois toutes les nations.

XXIII.

Le fouragement & la violence marchoient devant toi. Par tout tu excitois querelles & débats; tu étois horrible & terrible; par tout tu fefois outrage & violence.

XXIV.

Tes Seigneurs les Mylords étoient, au dedans de tes murailles, comme des lions rugissans; tes Gouverneurs comme des loups du soir qui ne laissent point d'os pour ronger au matin; tes Ministres étoient de gens téméraires qui
pol-

polluoient les chofes faintes, & fefoient violence à la loi ; tes Rois étoient des tigres impitoyables, des ours affamés.

XXV.

Tu tomberas, tu tomberas, cité friponne, ville canaille, qui abreuvois toutes les nations de la coupe de ta fureur ; qui les traitois en Souveraine *Turque*, qui exercois fur elles un empire violent comme l'Empereur du *Japon!*

XXVI.

Voilà la *Czarine* qui va bander & faire bander contre toi. Des quatre coins du monde, on tendera des rets pour toi. Tu feras prife au filet, comme on prend la pie au nid.

XXVII.

Tu feras toute vuidée & revuidée, comme ou vuide & revuide le cu d'une poule. Tu feras recurée, comme on recure un privé de commodités. Tu feras épuifée comme un fac à charbon.

XXVIII.

Tes habitans n'auront que goutes, rhumatifmes, chaudepiffes & vérole, tremblement de genoux, tourment aux reins de tous, & les

fa-

faces d'eux tous deviendront noires comme une marmite.

XXIX.

Tu as cru, n'eſt-ce pas, engloutir en ton giſier tous les habitans du monde, auſſi facilement qu'une cicogne engloutit une chevrette: tu as cru les empêtrer en tes rets auſſi aiſément qu'une araignée empêtre une mouche en ſa toile ?

XXX.

Tu cheminois, la gorge déployée, avec une fiere démarche comme claquant des ſonnettes, & battant des cloches avec tes pieds.

XXXI.

Ta vergogne eſt découverte; ton bâton eſt rompu, ta verge eſt briſée, toi qui frapois avec fureur les autres de coups; qui exercois ſeigneurie & empire ſur tout le monde avec colère, tu es à cette heure pourſuivie par toutes les nations de l'univers, ſans que tu puiſſe te garder de leur vengeance.

XXXII.

Crois-moi : la *France* & l'*Eſpagne* unies enſemble comme deux ſœurs ſorties du ventre de la même mère, vont faire de toi une capilotade,

une

une marmelade, une moutarde (*) pour manger de la fauciffe, ou du boudin.

XXXIII.

Avant fix mois, trois jours, trois femaines, on fonnera ton agonie. Déja on te prépare le cercueil, une oraifon funèbre & la meffe de *Requiem æternam*. Le Médecin qui a vu ton urine, dit que tu es bougrement malade. Tu n'en peux pas plus réchaper, que n'a pu réchaper *Louis* XV. à la petite vérole qu'il avoit prife au moulin de la petite meûniere. Lui encore n'avoit que la petite, petite, mais toi, tu as vraiment la groffe, groffe.

XXXIV.

C'eft ta faute, ma mie, fi tu es fi malade: avec un meilleur régime, un peu de diéte, quelques cliftères par ci par là, une faignée entre tems, tu euffes confervé ton embonpoint, & une couleur rouge comme la crête d'un de tes coqs; au lieu de ce, tu es auffi pâle qu'une olive; bientôt, bientôt on va t'enterrer, & tu iras voir ce qui fe paffe dans l'autre monde.

XXXV.

(*) Ça n'eft pas encore bien fur, & M. le Prophéte pourroit fort bien fe tromper: & Mrs. les *Efpagnols* & *François* pourroient fort bien être, à la place des *Anglois*, capilotadés, moutardés & marmeladés,

XXXV.

Tu ne dois pas efpérer de quartier, fais-tu : tu dois favoir, fi tu ne l'a pas oublié, que les *François* & les *Efpagnols* ne fe mouchent pas du pied ; par ainfi attends-toi à avoir une bonne volée, une bonne roffée, ô coquine !

XXXVI.

Le Roi de *France* a dit au Roi d'*Efpagne*, & le Roi d'*Efpagne* a dit au Roi de *France* : battons le fer tandis qu'il eft chaùd : l'occafion eft bonne ; faififfons la par les cheveux : & les deux *Sires* ont taupé dans la main.

XXXVII.

Tu as beau envoyer à *L'Efcurial*, ou à *Pardo*, des *Janféniftes*, ou des *Jéfuiftes*, pour tâter le pous du Roi de *Caftille*, il eft trop brâve homme pour fauffer fa parole, & abandonner traitreüfement fon parent : tu enverrez le *Pape* & le *Grand Turc*, & la ville de *Rome* & *Conftantinople*, vois-tu : que tu ne ferois pas reculer d'un pas Don *Carlos*.

XXXVIII.

Tu connois l'entêtement de ton Roi *George* : eh bien ! Don *Charlos* eft le fecond tome, il eft en-

encore plus têtu, car il eſt plus vieux. C'eſt un homme bien coriace, va! & qui n'eſt pas tendre.

XXXIX.

Quant à Don *Louis* petit Seigneur de *Ver-ſailles*, il ne mange pas de chandéle, comme tu penſes ; il a des crocs & des mouſtaches, va, bien longs & bien larges !

XL.

Il n'a pas à ſes trouſſes, comme feu ſon grand père, un tas de coquines & de ſalopes, une *Pompadour*, une *Du Barry* le ramaſſis des rües; & c'eſt tant pis pour toi.

XLI.

Il n'a pas non plus de maquerelles , ni de maquerauts; & ſur terre & ſur mer, il n'a pas de Généraux comme les fameux *Richelieux*, les fameux *Conflans*, ni comme les fameux battus, cocus, contens *Soubiſes*. Les ſiens ſont bien d'autres gens, & d'un autre gabaris, ma foi !

XLII.

Dans l'*Inde*, tu ne trouveras plus *Lalli* ; car il eſt mort. Tu ſais bien qu'on lui a coupé le croupion ! Si on l'eût coupé ainſi à trois, ou

C

quã-

quatre autres qui le méritoient mieux que lui ;
tu n'aurois pas été fi infolente, & tu ne ferois
pas, à l'heure qu'il eſt, en de ſi mauvais draps.

XLIII.

On t'en caſſe, & on t'en caſſera encore, va !
Tu as beau faire contre fortune bon cœur ; tu
dois bien ſentir, ſi tu n'es pas ladre, que tu as
une rude épine au pied.

XLIV.

Tu t'imagines que les *François* & les *Eſpagnols*
ſont des poltrons, parce qu'ils ne ſortent pas,
qu'ils reſtent chez eux à ſe faire des complimens.
Tu dis qu'ils ne ſont ſortis de *Cadix* que pour
prendre l'air , & dans la crainte de ſe moiſir !
Ça n'eſt pas vrai: ils ont du cœur plus que tu
ne penſes.

XLV.

Tu ne connois pas encore leur malice, va !
laiſſe faire: ils vont te porter une bote ſecrete
que ſi tu peux la parer, tu feras diablement
habile.

XLVI.

Gibraltar tremble déja, vois-tu, & prens garde
à ta tour de *Londres !* D'*Eſtaing* ſe propoſe d'y
aller voler le pucelage de ta Reine *Eliſabeth*,

s'il

s'il le trouve ; de chasser ton Roi *George*, s'il le peut ; & de mettre un bâtard du *Prétendant* sur le trône.

XLVII.

Penses-tu que d'*Estaing* ne réussira pas? va, va, tu ne connois pas encore ses stratagèmes, ses ruses, ses rubriques ! D'*Estaing* est un drole d'Amiral, va ! il a promis au Roi d'*Espagne*, foi de Gentil-homme *Auvergnat*, de prendre *Gibraltar* à coups de pommes cuites.

XLVIII.

Il te donnera du fil a retordre, va ! tu fais bien comme il t'a DEGRENADÉ la *Grenade !* C'est le même homme, va ! il va te DEGIBRAL-TARDER bientôt, & puis après te DEJAMAÏ-QUER, & ensuite, je ne sais plus quoi.

XLIX.

On te rognera les ongles, coquine ! on te coupera le nez, on te grillera les pieds, on mangera jusqu'à tes trippes, jusqu'à la paille de ton lit, & tu pleureras à chaudes larmes comme un *Normand* qui a perdu cent procès.

C 2

L.

L.

On te houfpillera, va! on t'otera la pouffière de ton habit avec une bonne gaule. On t'époulfettera de la bonne façon, je t'en réponds. Le Roi de *Caftille* & tous les *Caftillans* te préparent une époulfette de bon crin, va! tu n'as pas peur (*)? tant mieux pour toi. Laiffe le roffignol chanter, & tu verras qui mangera le lard.

LI.

En vérité, en vérité, je te le prédis: avant fix mois, trois jours, trois femaines & quelques heures au deffus, ou au deffous, tu porteras

des

(*) La Nation *Angloife* eft fi prévenue en fa faveur, qu'elle croit pouvoir défier toutes les Nations de l'*Europe*. l'*Anglois* croit tout autre que lui incapable de grandes chofes. Il a vû pourtant comme on lui a joliment gobé fon convoi des deux *Indes*. Orgueilleux qu'il eft, il prétend que le convoi eft venu fe fourrer à la geule du loup. Eh! pourquoi étoit-il fi fot?.. il dit que le hazard, la bonne fortune a favorifé l'ennemi: ça peut être, car à moins d'une bonne paire de lunettes, il étoit impoffible au vieux Papa de *Cordova* d'appercevoir le convoi. Nonobftant, Mrs. les *Bretons* doivent voir que les *François* & les *Efpagnols*, en *Compagnie*, ne font pas manchots: ils doivent favoir qu'ils font au guet, au guet: gare à eux! qu'ils prennent garde au couteau de fept lieües d'*Efpagne*, à l'épée flamboyante, & à l'oriflamme de St. *Denis* en *France*!

des fabots, toi qui portes des fouliers de bon cuir d'*Angleterre*; tu auras un habit de bure, toi qui en as de beau drap de *Weftminfter*; tu mangeras la foupe en des écuelles de bois, toi qui la manges en des affiéttes de fin étain de *Cornouailles*; tu coureras la pofte aux ânes & aux bourriques, toi qui la cours avec les plus beaux étalons & les plus belles cavales du monde.

LII.

Enfin, *tout par tout* on te crachera au nez; perfonne ne voudra te voir, te regarder, ni fe laiffer approcher, car tu pueras comme un bouc.

LIII.

La fin de ça, c'eft que quiconque te trouvera te tüera; car une femme a mis fur toi un figne, comme le figne de *Caïn*, pour avoir tué beaucoup de tes frères *Abel*.

LIV.

Entends-tu? ô vilaine, vilaine *Angle-terre!*.. attends un peu: la *France* & l'*Efpagne* vont t'adminiftrer un fi forte dofe de cigüe, de mercure, de verd de gris, que fi tu ne creves pas comme un moufquet, c'eft que tu auras l'ame bien clouée dans le ventre!

LV.

LV.

En attendant, commence toujours par te faire aporter le viatique, & te faire donner l'extrême-onction; car si on ne te fait paix & miséricorde, tu feras diablement à plaindre; & si tu ne vas pas tout droit en Enfer, *c'est que* tu iras tout droit, en Purgatoire.

CHAPITRE III.

I.

Le Prophéte tout extafié, tout émerveillé des chofes qu'il venoit d'entendre, ouvroit de plus en plus fes grandes oreilles. Et le GRAND TONNANT continuant de lui fouffler dedans, difoit:

II.

Le lys ne file plus, il a pofé fa quenouille. Le fouffle empefté de la proftituée ne ternit plus fon éclat. Il pouffe des feüilles fortes & grandes, & fon ombre va ombrager l'*Amérique*.

III.

Le maître du lys eft puiffant en forces, richeffes, en gens de combat, en navires. Il fervira de bouclier & de plaftron à l'*Amérique*; lui prêtera fes navires & fes gens de combat, & fa force fera fa force.

IV.

Le lys foulé aux pieds du léopard, & froiffé de fa dent, s'eft relevé avec vigueur; fon éclat

frap-

frappe d'étonnement la bête vorace : elle rugit, comme voulant s'élancer fur fa proye , la ter-raffer, la dévorer.

V.

Mais le GRAND TONNANT eſt le gardien du lys. Il le garde avec autant de ſoin que le dragon gardoit la toiſon d'or , ou les pommes du jardin des *Heſpérides*. C'eſt lui qui le fait croître , fleurir , épanouir , & ſes feuilles ne ſécheront plus par l'odeur infecte d'un ſperme gâté. Le léopard n'en approchera plus qu'en frémiſſant : ſon odeur ſera pour lui une odeur mortelle , & ſon œil comme l'œil de l'aſpic.

VI.

Toi, ô *Amérique !* tu es la bien aimée du lys : tu es l'objet de ſes tendres amours : il t'aime comme ſa maîtreſſe : laiſſe te baiſer des baiſers de ſa bouche : donne lui ton pucelage.

VII.

Dans le fort de ſa tendreſſe & de ſa rage amoureuſe, entends ! il te dit :

VIII.

Te voilà belle, ma bonne amie ! te voilà belle, petit chou-chou !.. Tu es à mes ïeux comme une belle queüe d'écureuil.

IX.

IX.

Tes ïeux font comme des faphirs : tes treffes font comme de la foïe : ton poil eft comme crin de lion.

X.

Tes dents font comme dents d'éléphant : il t'en manque quelques-unes ; on te les fera remettre, ma bonne amie !

XI.

Tes lévres font comme l'écarlate des *Gobelins*.

XII.

Ton parlér eft auffi gracieux que la carillon de la *Samaritaine*.

XIII.

Ta temple eft comme une pomme d'api.

XIV.

Ton nez commé un donjon de *Vincennes*.

XV.

Ton cou eft comme *Pierre-Encife*.

XVI.

Tes mamelles font comme les îles *Marguerites*.

XVII.

Ton nombril eft comme le dôme des *Invalides*.

XVIII.

Tes cuisses sont aussi fermes que le mont St. *Michel*.

XIX.

Tes jarrets aussi forts que le *Val-de-Grace*.

XX.

Tout ton corps est comme la *Bastille*.

XXI.

Tu es toute belle, toute forte, ma bonne amie, il n'y a ñi macule, ni débilité en toi..

XXII.

Approche donc, charmante *Amérique !* approche donc: accouple toi avec le lys & couche avec lui; qu'il te fasse un enfant ! '

XXIII.

Mais, écoute, sois fidéle à ton amant; ne fais pas la prostituée, la coureuse des rües; & quand il t'aura bien mise en tes meubles comme la maîtresse d'un Fermier-Général, ne vas pas l'abandonner, fais-tu ! car tu le menerois droit à l'hôpital.

XXIV.

O *Amérique !* tu es comme une jeune fille qui a fui de la maison paternelle, parce que le Papa & la Maman ne veulent pas lui laisser faire ses petites volontés.

XXV.

XXV.

Ta grande Maman l'*Angle-terre* voulant sagement conferver ta réputation, & t'ayant un peu grondée, libertine! tu as pris le chemin entre tes jambes, & tu as été te jetter dans les bras de la *France*; tu t'es laiffée racrocher par elle, comme une jeune *Picarde* fe laiffer racrocher par une matrone de l'Hôtel *Soiffons*, en arrivant par le coche d'*Amiens* à *Paris!*

XXVI.

Puis donc que tu as fauté le faut, n'abufe pas des faveurs du lys; conferve foigneufement ton Amant, ô *Amérique!* & s'il te donne foi de mariage, & qu'il veuille t'époufer, marie-toi avec lui: c'eft un bon parti. Mais encore un coup, une fois mariée ne t'avife pas de violer la foi conjugale, & de faire ton mari cocu; il n'y a rien de plus vilain au monde.

XXVII.

Garde-toi bien de t'en laiffer compter, & de croire comme les dames *Françoifes*, qu'on ne peut être heureufe, fans avoir à la fois un mari & un galand!

XXVIII.

Je te le dis, ô *Amérique!* fois fage, & fidéle au lys, & tu ne pourras mal.

XXIX.

XXIX.

Tu tâteras dans le commencement des épines du mariage. Mais, c'eſt dans l'ordre du deſtin. Il n'y a point de roſe ſans épines. Mais, vis en bon accord avec le lys ; conſerve la paix du ménage ; ne ſois inconſtante ni volage, & un jour tu auras contentement & plaiſir.

XXX.

Le lys eſt parmi les fleurs, ce qu'eſt le lion parmi les animaux. Ne crains rien : il te pro. tégera de ſa flamberge.

XXXI.

Le Roi de *France* qui eſt ce lys , s'aſſoira à tes côtés , ô *Amérique !* t'introduira en ſes cabinets ; te fera un lit d'écarlate, au tour du quel il placera vingt vaillans hommes des plus vaillans, tous maniant l'épée, & habiles au combat, & marcheront enſeignes déployées , tambour battant, mêche allumée, pour te défendre.

XXXII.

Sabres & piſtolets en main ; à pied, à cheval, affermis ſur leurs arçons ; ſemblables à ce bravache *Eſpagnol* à qui la tête avoit tourné, & qui oſa bien courir par monts & par vaux, ſans craindre la fatigue, les dangers, ni les combats,

bats, pour maintenir envers & contre tous l'honneur de la *Vierge*, & de fon *immaculée* Conception; les *François* romperont avec tes ennemis autant de lances qu'il te plaira pour ton INDÉPENDANCE & ta gloire.

XXXIII.

La *Grande-Brétagne* qui eft le léopard, l'ennemi juré du lys, machinera contre le lys & contre toi toutes fortes de machines machinantes. Il rugira, & portera dans tes foyers la terreur & l'effroi. Tes enfans feront dans la défolation, dans la confternation; fe lamenteront, fe fraperont la poitrine; prenderont des facs, des crêpes & toutes les marques de deüil; ils voudront comme entrer aux cavernes des rochers, & s'enfoncer dans les trous de la terre comme les taupes & les chauve-fouris; ta terre fera rougie de fang, & couverte des cadavres de tes gens maffacrés;..

XXXIV.

Mais le Roi du lys enverra vers toi l'avant-garde (*) d'une armée formidable qui terraffera

par

(*) La Prophétie n'eft pas fauffe. La *France* à envoyé en effet, fous les ordres de *M. de Rochambeau*, une avant garde en *Amérique*, la quelle, felon toute

appar l'épée le *Breton* ton adverfaire, & le léopard ton ennemi. Il otera la chaîne de ton cou, les fers de tes pieds, & le joug de deſſus tes épaules.

XXXV.

Il y aura bataille ſanglante chez toi, ô *Amérique!* le lys combattra contre le léopard, & le léopard contre le lys. Mais le lys ſera le plus fort, le léopard ſera vaincu; & alors arrivera ton INDÉPENDANCE, ton ſalut, ta force & le regne de ton Empire.

XXXVI.

Avant ce tems, pourtant, tu ſeras expoſée à la voracité du léopard. Plus d'une fois le lys courbera la tête, & ceux qui combatteront ſous ſes enſeignes feront repouſſés avec violence.

XXXVII.

Tes défenſeurs feront comme toi frapés de l'épée; comme toi diſſipés; comme toi conſternés; comme toi, & chez toi, feront alterés &

af-

apparence, va s'y faire *Burgoyner*. Le développement tardif des forces combinées de la maifon de *Bourbon*, l'impéritie de ſes chefs, l'ignorance craſſe de ſes miniſtres; joint à cela la déſertion récente du fameux Général *Arnold*, & la corruption ſuppoſée d'un Préſident du *Congrès*, voilà qui ne préſage rien de bon.

affamés, tu les verras tomber comme mouches à tes pieds.

XXXVIII.

Toi-même tu leur crüferas un tombeau, & c'eft fur ce tombeau que tu fonderas ton Empire , comme autrefois l'Apôtre *Pierre* fonda fur la pierre l'Empire du *Pape.*

XXXIX.

C'eft de leur fang & de leurs cadavres que tu cimenteras ta puiffance.

XL.

Ils viendront chez toi comme à la tuerie , par petites bandes comme un troupeau de moutons ; ta terre fera pour eux comme un gouffre ouvert où ils s'enfonceront vivans.

XLI.

Mais , ni leurs cadavres déchirés , ni leurs membres dévorés , ni leur fang pour toi goute à goute verfé , ne pourront détourner tes défenfeurs de combattre jufqu'à la mort pour ta liberté.

XLII.

XLII.

Le Roi de *France* qui a envie de s'unir à toi comme un époux, d'entrer ensemble en la même couche, de repofer fous les mêmes courtines, te facrifiera, s'il le faut, pour avoir tes faveurs, un morceau de fon fceptre & de fa couronne (*).

XLIII.

O *Amérique!* fois reconnoiffante: tombe aux pieds du lys: il eft pour toi comme un bouclier, comme une citadelle, comme la muraille de fept cent lieües de la *Chine!*

XLIV.

Et toi, lys! prens bien garde à ce que tu fais: tu crois couper l'herbe fous les pieds du léopard;... crains plûtôt que, le léopard d'un coup de queüe ne t'envoye aux antipodes.

XLV.

Vous, *François!* dans deux, ou trois fiécles, on joüera aux quilles avec vos os en *Amérique;* mais,

(*) Dieu veüille qu'il ne facrifie que ça: & que l'envie de coucher avec Madame, ou Mademoifelle l'*Amérique*, & d'avoir fon tranfi pucelage, ne lui coûte pas plus cher!

mais, alors, les *Bostoniens*, les *Philadelphiens*, les *Canadiens* & les *Massachusset - Baï - Chiens*, diront: " C'est par la vertu martiale de ces os „ que nous sommes INDÉPENDANS & LIBRES." Ainsi, AMIS, Consolez-vous, & mourrez gaïement pour la gloire!

XLVI.

Oui, *France !* avec les os de tes enfans, avant la révolution de deux lustres, on formera à *Philadelphie*, ou à *Boston* un Cabinet aussi complet que le Cabinet des Sts *Innocens* de ta Capitale. Heureuse encore, si l'*Américain* Congrès, en reconnoissance, & pour prix de ces Os, t'envoye quelques morües pour te nourrir le carême, où quelques tonnes d'huile de baleine pour tes reverberes!

XLVII.

O *France!* trop malheureuse *France!* tu fais autant d'enfans qu'une truïe fait de petits cochons, mais la famine, ou la guerre te les dévore. Tu es comme une vaste bergerie, où se trouve un immense troupeau de moutons, brebis, agneaux, bétail & autre bêtes à corne:.. tantot, c'est le léopard, l'aigle à deux têtes, l'aigle noir, l'aigle blanc, ou tout autre bête

vo-

vorace, ou rapace, qui te les enleve ;.. mais, confesse : que, le plus souvent, tu leur ouvres-toi-même les portes de ta bergerie, ou de ton étable. Et, si tu gémis par après de la perte de ton nombreux troupeau , à qui , si non à toi, la faute ?

XLVIII.

O *France ! France !* les treize colonies de l'*Amérique* feront un jour pour toi treize vautours , treize crocodiles , qui te rongeront les flancs & les entrailles. Tu alaites treize petits lionceaux qui te déchireront, un jour, par piéces & morceaux.

XLIX.

Semblable a la belette , ou à la foüine , le léopard leur sucera le sang , tant qu'il leur en restera une goute.

L.

Comme la tremblante poule , l'*Amérique* a pris son gîte en ton sein : mais, si tu n'y prens garde, l'animal son ennemi ira la degîter, & la croquera en ta préfence.

LI.

Tel qu'un serpent qu'on a rechauffé avec soin, & pique son bienfaiteur de son dard, lorfqu'il

a repris vie ; ainsi l'*Amérique* te piquera un jour,
& vomira sur toi son venin (*).

LII.

Ne te rebute pourtant pas, ô *France!* pousse
ta pointe, & puis que tu as tant fait que de
dégainer, vois qui de toi, ou de l'*Angle-terre*
restera sur le carreau !

LIII.

Assez long-tems tu as tiré des bottes à la muraille : assez long-tems tu as saigné du nez : assez
long-tems l'*Anglois* t'a marché sur le pied : fais
donc voir une fois que tu as du cœur !

LIV.

Sera-t-il toujours dit que tu trembles au nom
du *Breton ;* qu'il te fait reculer ; qu'il est ton
maître, & que tu n'oses te mesurer avec lui ?
Tu as du sang comme lui dans les veines ; porte
lui une fois une bonne botte, & tu verras qu'il
ne te bravera plus si fort !

LV,

(*) Dieu veuille détourner le présage, & que Mr. le
Prophéte, & Mr. Le GRAND TONNANT aient bel
& bien menti ! car la pauvre *France* seroit diablement
à plaindre.

D 2

LV.

Tu fais qu'il craint l'arme blanche : donne lui un coup d'épée, ou un coup de garde d'épée entre les deux ïeux. Quand tu les lui auras crevé tous deux, & qu'il ne verra plus clair, alors tu auras beau jeu.

LVI.

D'ici là qu'il ne foit tout-à fait aveugle, ou qu'il n'ait les quatre membres à bas, il n'y a pas à parier pour toi. Tu fais bien qu'il n'y a, ni *St. George*, ni *Cadet* de *Provence* (*) fi habile que l'*Anglois* à faire le coup de poing, le coup de peigne, ou la partie de toupet. Sois donc fur tes gardes, & prens attention à lui porter un coup de *Jarnac !*

LVII.

O *France !* tu es comme un cheval éreinté, borgne, & qui manque de fers aux pieds ; tu as même bien de la peine à aller le petit trot. Le *Breton*, au contraire, eft un courfier fringuant, un étalon toujours difpos, prêt à toute heure à courir la pofte, ou à monter à tout bout de champ une cavale.

LVIII.

(*) Deux fameux bréteurs de ce dernier tems ; l'un bâtard, & l'autre caporal.

LVIII.

O *France!* tu prétens avec ton cheval coupé faire une courſe avec le cheval entier de l'*Angle-terre ;* bon: mais ſi tu veux le dévancer & gagner le prix, tu ne dois pas t'amuſer long-tems à lui laiſſer manger l'avoine ; tu dois lui ſangler de bons coups d'éperon ; le faire courir le plus vîte qu'il pourra. Car, à la longue, l'étalon *Anglois* te dévancera, & remportera la victoire.

LIX.

Je te le prédis : ma foi ! je te le prédis, *France!* ſi tu t'amuſes à tirer au blanc ; ſi tu ne fais pas prendre le mors aux dens à ton courſier ; ſi tu ne le fais courir à toute bride ; l'*Angle-terre* tryomphera : ſon rouſſin te dépaſſera : & on ne regardera plus ta monture que comme une roſſe hors de ſervice, & qu'on laiſſe crever ſur le fumier d'un écurie (*).

LX.

Tu ſais que dans l'avant derniere courſe, le courſier *Anglois* a remporté le prix dans les plaines de l'*Amérique.* l'Ecuyer *George* & ſes pale
fre-

______

(*) Voilà de charmantes ſimilitudes ; jamais *Salomon* n'en fit de plus belles.

fleniers, fiers de leur dernier fuccès, défient hautement, dans la courfe actuelle, tous les étalons, chevaux & cavales de l'univers. Ils entrent avec toi, les premiers dans l'arène. Gare que l'étalon *Breton* ne te furpaffe; car alors il fera plus fendant que le *Bucephale!*

LXI.

Prens-moi de bonnes rênes, une bonne paire d'épérons, un bon foüet de pofte, pique & claque bravement ta bête; fais lui courir le grand galop; arme toi de ta lance, & perces-en le ventre de ton adverfaire, comme St. *George* perça autrefois de la fienne le ventre du Diable!

LXII.

Car, en vérité, en vérité, *France!* Je te le dis: " Ton lys ne fleurira, ton lys ne profpé-
„ rera, tant que le léopard tu n'écraferas! "

CHAPITRE IV.

I.

Le Grand Tonnant continuant, d'endoctriner son Prophéte, ajoûta:

II.

La *Castille* avec tous ses Royaumes s'unira à la *France* pour la défense de l'Indépendance de l'*Amérique*. Elle donnera à l'*Angle-terre* un cartel en la même forme que se le donnent ses *Cavalleros*.

III.

Tels que les *Castillans* ont été écorchés, grillés & embrochés à *Alger*, il y a un lustre, tels les *Anglois* feront, en ces derniers tems, embrochés, écorchés & grillés par eux, en *Amérique*, en *Europe* & par tout.

IV.

l'*Espagne* remontée sur sa rossinante, a dit: *Angle-terre!* tu es a mon égard comme la bête de l'*Apocalipse*. Je pilerai ta tête, tes cornes, ton diadéme, comme un apoticaire pile un ver

D 4

dans

dans un mortier. Je te marcherai sur le ventre : je t'écraserai comme on écrase une mouche sous les pieds.

V.

Je te ferai manger mes étriers, les arçons de ma selle, le talon de mes bottes, je te ferai mordre la poussière de la terre, je t'ensevélirai vivante dans ses entrailles (*).

VI.

Toi, *Amérique !* tu es ma bien aimée, comme tu l'es de la *France* ma sœur.

VII.

Je te donnerai, à mon tour, des combats de taureau ; de l'or, des diamans, des rubis ; je te ferai des atours de vermeil doré, avec des agrafes d'argent ; je metterai à ton cou un carcan de perles & d'onix. Je te donnerai des boucles d'oreilles de cristal & de jaspe, & des brasselets de brillans gros comme de pierres de taille.

VIII.

(*) Le Prophète fait ici tenir à l'*Espagne* un langage bien méchant. Mais la *Castille* n'est pas si diable : elle tient un peu de la *Gascogne* ; elle a plus de fanfarons que de braves.

VIII.

Ma grande amie! je te compare à la plus fine laine du plus beau troupeau de moutons de *Castille* : à la plus belle couple de mulets de *Galice* ; à la plus belle paire de cavales qui soient dans l'*Andalousie*.

IX.

O *Amérique !* ne regarde pas à moi si je suis brune : je ressemble à la noire notre *Dame* de *Lorette*. Comme elle, je suis chargée de rubis & de diamans, & mes trésors regorgent de richesses. Ils sont si pleins qu'on ne peut plus fermer mon coffre fort (*).

X.

Je suis pleine de muscles, robuste & forte. Je puis comme *Samson*, d'un coup de machoire d'âne, renverser par terre à la fois mille *Anglois* qui sont les *Philistins* de nos jours.

XI.

(*) Le récent emprunt de l'*Espagne* de 9 millions 900 mille piastres en billets de crédit, emprunt manqué à *Paris*, faute de confiance en ses opérations, prouve le contraire. Avec plus de peuple & moins d'argent, l'*Espagne* seroit plus riche. La misère des *Espagnols* au *Méxique* & au *Pérou* est telle, que ceux qui montrent les mines aux voyageurs, n'ont pas même de souliers aux pieds.

XI.

Comme *David*, un bâton de bois blanc à la main , cinq cailloux pointus de rivière en ma poche , je puis aller contre l'*Angle-terre* & la combattre corps à corps.

XII.

Que l'*Angle-terre* aît , comme *Goliath* , ſix coudées de haut & une paume; un caſque d'airain ſur ſa tête, un corſelet d'écaille, des bottes de bronze aux jambes, un écu de ferentre ſes épaules, une halebarde pointue comme l'aiguille d'un tiſſeran , & tranchante comme le tranchant d'un cordonnier.

XIII.

Je me leverai de bon matin; je me rangerai en bataille ; je l'engagerai en mes mains; je la fraperai , ô *Amérique!* & je te délivrerai de la gueüle du léopard.

XIV.

Je m'approcherai: je tirerai un caillou de ma poche: je le jetterai: j'en fraperai l'*Angle-terre* au front: & le caillou fiché en ſon front, l'*Angle-terre* tombera roide ſur ſa face en terre.

XV.

XV.

Je prenderai ma grande épée de *St. Ildephonse*, l'a tirerai de fon fourreau, je ferai mourir l'*Angle-terre*, & lui couperai la tête. Alors, alors, on n'en parlera pas plus qu'on ne parle d'un cochon, ou d'une truïe falée..

XVI.

O *Amérique!* dit le Grand Tonnant, l'*Efpagne* eft pour toi: elle combattra pour toi, & comme l'épi de bled tombe fous la faux, ainfi l'*Angle-terre* tombera fous le glaive *Caftillan*.

XVII.

L'*Efpagne* eft formidable. Elle a force foldats, des galions à l'infini, & des navires comme des montagnes. La mer gémit fous leur poids, & les poiffons petits & gros s'enfoncent au plus profond des eaux à leur approche. Ses Généraux font habiles, & braves comme l'épée du Roi.

XVIII.

Aux colonnes d'*Hercule*, elle a planté de fi vigilantes fentinelles, & qui rodent avec tant de foin, nuit & jour, au tour du roc orgueilleux, qu'il n'y peut pas même entrer une

pe-

petite fouris. Oui, *Amérique !.. Gibraltar* tombera, ou de faim crevera (*).

XIX.

Dans *l'Inde*, *l'Efpagne* a des baftions, des
redoutes, des citadelles à faire peur. Des Egli-
fes pavées de lingots; des Capucins, des Evê-
ques, un Patriarche & une Inquifition qui fait
trembler ; une armée, une flotte capable de
faire fauver les *Anglois* de 100 lieües; des Vice-
Rois qui ont des pots de chambre d'or maffif,
& qui font dans leurs palais comme autant de
moutardiers du *Pape*. Toute l'*Efpagne*, ô *Amérique !* eft une merveille. Si *Charles* V. reve-
noit pour un quart d'heure au monde, il crie-
roit miracle.

XX.

Oui, *Amérique !* les *Efpagnols* font des gens
de bravoure & de force. Ils ne reconnoiffent
dans tout l'univers que les *Algériens* pour maîtres; Encore ne veulent-ils pas fe mefurer tout

de

(*) Le projet n'eft pas trop Chrétien. Laiffer mourir
de faim les gens n'eft pas non plus trop humain. Détruire les oignons, les choux & les raves, comme ont
fait récemment les *Efpagnols*, pour que les pauvres
foldats *Anglois* ne puffent pas faire la foupe, n'eft pas
non plus un trait des plus braves.

de bon avec eux. Ils ont trop d'honneur pour fe battre avec de pareils animaux , qui font des poltrons, qui fe cachent derrière une haye , & qui donnent des coups de fufil en traîtres. Paffe avec les *Anglois* ; ce font des hommes , qui fe battent bien, & qui font de bonnes rélations dans leurs Gazettes (*).

XXI.

O *Amérique!* que tu es donc heureufe d'avoir l'*Efpagne* pour appui ! pouffe donc des cris de joïe ! heurle donc des chants d'allegreffe! joüe donc de la flute douce, de la flute à neuf trous, & du violon , & du timpanon ! l'*Efpagne* va marcher à ta tête, à ta queüe, à tes côtés.

XXII.

Que tu es heureufe d'avoir trouvé grace à fes ïeux, d'avoir captivé fes amours! l'*Efpagne*
te

(*) Quand une armée d'*Efpagnols* laifferoit 100,000 *Algériens*, ou *Marocains* fur le carreau , il n'y auroit point de gloire pour elle. La victoire s'enfeveliroit fi tôt dans les fables brûlans de l'*Afrique :* & , à dire vrai, quand il n'y a pas de lauriers à moiffonner pour des guerriers, ça n'en vaut pas la peine. Un Cavalier Caftillan a plus d'honneur d'affommer d'un coup de poing un taureau au combat, que de défaire à la guerre cent ennemis de fon Roi.

te confidère avec tendreſſe ; elle t'aime comme un jeune époux de ſeize ans aime ſa jeune
épouſe de quinze ; à peu près comme *Samſon*
aimoit la jeune fille de *Timna* (*). Mais, comme cette jeune fille infidèlle, ne vas pas, ô *Amérique !* laiſſer labourer avec ta jeune vache : ne
vas pas te remarier à l'*Anglois !* car,

XXIII.

L'*Eſpagne*, comme cet autre *Samſon*, pourroit fort bien de colère & d'indignation, prendre de nouveau trois cent renards & trois cent
flambeaux, & tourner les renards queüe contre
queüe, & mettre les flambeaux entre les deux
queües au beau milieu, & puis mettre le feu
aux flambeaux , & lâcher les renards en tes
bleds , tes vignes, tes tabacs, & tes oliviers,
& alors tu ferois en ſouffrance & en déſéſpé-
ration.

XXIV.

Ne ſois pas non plus comme *Dalila* , & ſi
l'*Eſpagne* s'endort ſur tes genoux comme *Samſon* , & que l'*Angle-terre* te préſente comme à
cette paillarde onze piéces d'argent , ne t'aviſe
pas de lui tendre des embûches, & de lui faire
couper les cheveux, car, comme à l'enfant de
la

(*) Femme de *Samſon*.

la femme de *Manoah* (*) les *Anglois*, ces *Phi-*
liſtins de *nos jours*, pourroient lui crever les
deux ïeux.

XXV.

Alors, alors, les cheveux de l'*Eſpagne*, comme ceux de *Samſon* une fois repouſſés, & ayant,
comme lui ratrappé ſes forces, comme lui elle
pourroit pour ſe venger de ſes deux ïeux, prendre en s'allongeant bien fort, les deux pilliers
du milieu ſur leſquels ta maiſon & celle de l'*An-*
gle-terre eſt aſſiſe, & les faire choir ſur l'*Angle-*
terre & ſur toi, & s'enſevelir ainſi avec toutes
deux ſous les ruines.

XXVI.

Sois prudente & ſage, ô *Amérique !* & tu iras
loin. Tu vois déjà bien que l'*Angle-terre* eſt
ruinée, & qu'elle eſt même hors d'état de t'en-
tretenir comme une ſimple Bourgeoiſe. Donne
toi toute entiére à la *France* & à l'*Eſpagne*, &
tu rouleras carroſſe à ſix chevaux. Toutes les
deux te promettent de te faire vivre un jour de
tes rentes; que veux-tu de mieux? au lieu d'être
ſervante, tu ſeras demoiſelle, que peux-tu de-
ſirer davantage? ton ſort, ton bonheur dépen-
dent de ta ſageſſe & de ta bonne conduite; ne

fois

______

(*) Nom du père de *Samſon*.

fois pas l'enfant prodigue ! car, comme lui tu risquerois fort d'aller garder les cochons.

XXVII.

O toi, *Espagne !* avec tes treize, ou quatorze couronnes, assise en un jardin de plaisance, comme en un second paradis terrestre, au milieu des jasmins & des lilas, des citrons & des oranges, tu ressembles à une femme foible, débile & qui n'a pas seulement une palette de sang dans les veines.

XXVIII.

Tu représentes un cadavre disséqué, un vrai squelette. Tu es comme une momie, comme un corps sans ame, comme un corps qui repose dans un sépulcre.

XXIX.

Tu t'es laissée enlever ta graisse & rogner tes rognons par le tiers, par le quart, ma bonne amie ! & tu es patiente comme une brebis qu'on tond, ne remuant pas de place, & bêlant seulement comme une ouille !

XXX.

Marche donc, marche donc, ô *Espagne !* marche donc, si tu as des jambes ; ou si tu ne

peux

peux marcher, fais te porter ! N'as-tu pas de honte d'être toujours en arrière ! & eſt-il poſſible que tu ne puiſſes faire un pas ſans appui, ou ſans béquilles ?

XXXI.

En vérité, je te l'annonce: ſi tu ne te dégourdis bien vîte, & ſi tu ne prens de meilleurs pieds & de meilleures jambes, tu riſques fort de te faire donner ſur les oreilles, ainſi qu'à la *France* ta ſœur.

XXXII.

Et ſi vous ne vous entendez pas mieux enſemble pour un bon coup férir, gare que vous ne ſoyez féries toutes deux ! Par ma foi ! vous étes comme deux chevaux de fiacre qui n'ont jamais été dreſſés au Diable (*). L'un tire à gauche, l'autre à droite: l'un veut, l'autre ne veut pas: l'un recule, l'autre avance : & c'eſt le moyen de faire caſſer le cou aux gens.

XXXIII.

Toutes deux vous manquez d'un bon limonier & d'un bon cocher pour conduire votre char.

XXXIV.

(*) Voiture lourde comme une diligence, peſante comme un coche, à laquelle on dreſſe les jeunes chevaux de caroſſe.

XXXIV.

Toi, *Espagne!* avec tes citadelles de 120 canons, & tes Saints & tes Saintes, il faut te traîner, comme on traîne un vieux de cent ans ;
& à moins de te tirer par la longe, ou de te
sangler de bons coups de foüet, tu ne peux AI.

XXXV.

Ma foi! j'ai peur pour ta peau & tes os. Tu
m'as bien l'air de chercher à te faire sangler les
étrivières.

XXXVI.

Que fais-tu? dis moi, à ton camp de *St.
Roch!* tu tires ta poudre aux moineaux. Tu as
raison : fi, tu en as de reste, amuse-toi! mais,
attens-tu que Monsieur *Gibraltar* te tire son chapeau, te fasse la révérence, t'invite à venir
prendre le caffé chez lui? tu attendras long-
tems, va!

XXXVII.

Tu veux faire mourir le pauvre Diable de
faim! ça n'est pas trop *Catholique*, & ce ne fera
pas! le boulanger & charcutier *George* lui enverra toujours du pain & du porc, tant qu'il
en aura.

XXXVIII.

XXXVIII.

Que fais-tu en *Amérique* ? tu as donné en partant à ton borgne *Solano* le plus brave des braves, des ordres qui n'ont pas le fens commun. Il a emporté tes doublons & tes piaftres ; il ne t'eft pas refté un foû en poche : tu as été enfuite de porte en porte demander l'aumone à *Paris*, pour avoir de l'argent ; Eh ! pourquoi faire ? de la moutarde, ou de l'onguent pour la brûlure ?

XXXIX.

Que fait ton *Bonnet* (*) ? des cacades. Que font tous tes Amiraux, tes Généraux, tes maréchaux ferrans, là bas ? ils montent la rivière, puis la defcendent ; ils avancent, puis ils reculent, ils prennent la maifon, quand il n'y a perfonne dedans, & quand le maître arrive, ils fe retirent. Voilà de braves gens !

XL.

Et tes trente-deux, ou tes trente trois montagnes entaflées à *Cadix*, que font-elles ? des parades. Elles fortent, puis elles rentrent. Elles vont un quart de lieüe en mer pour pêcher des fardines. La pêche faite, fi tôt on vient

la

______
(*) Vice-Amiral *Efpagnol* en *Amérique*,

E 2

la manger au port. Tes gens, faut croire, ont peur de la pluye, ou du brouillard. Du refte, ils favent l'ufage du monde: ils font à merveilles les honneurs de la maifon : ils donnent des fêtes très bien ordonnées: ils tiennent Cercle, & la Compagnie eft des plus brillantes, quand il fait beau. Il y a chez eux concert, comédie, opéra, tout cela eft admirable , en attendant le bal.

XLI.

O *Efpagne* , *Efpagne!* je crains bien que tu ne payes les violons: prens garde à toi! prens garde que ton monftrueux Amiral n'aille, comme ton pauvre vieux CONQUESTADOR, fervir un jour d'hôpital invalide fur la *Tamife!* tes vaiffeaux qui font tous des Saints du Paradis, font fi malheureux, qu'ils vont fe fourrer d'eux-mêmes dans la galère *Angloife.* Apprens leur donc que les *Anglois* font des hérétiques , des apoftats, & que les Saints font affez mal venus chez eux !

XLII.

Eh ! pourquoi ainfi dénicher les Saints du Ciel, & les faire fervir à la guerre, fur tes vaiffeaux? Pourquoi placer St. *Ignace,* St. *Xavier,* S*te Barbe,* S*te Marie,* notre *Dame* du mont *Carmel* & St. *Roch* avec fon chien, entre deux,

trois

trois batteries de canon ? pourquoi ne pas mettre à leur place *Jupiter*, *Mars*, *Hercule*, ou Don *Quichote de la Manche* ? Tu dois favoir que les Saints font des poltrons, & qu'avec des poltrons, on ne fe bat pas à la guerre, fur-tout fur mer avec les *Anglois*.

XLIII.

O *Espagne*, *Espagne* ! je te le dis franchement: tu ajuftes mal tes flutes. Prens garde à ton *Potofi* ! Si les *Bretons* y entrent une fois, c'eft que tu auras bougrement de la peine à les en chaffer, au moins ! tu vois comme ces chiens d'*Anglois* fe moquent des gens, & comme ils narguent tout le monde.

XLIV.

Combien de niches ne t'ont-ils pas fait à toi en particulier ! Combien de fois ne t'ont-ils pas ricané au nez ! Combien de fois ne fe font ils pas moqué de toi ignominieufement, en claquant fur leurs feffes !

XLV.

Mais, pauvre *Espagne* ! tu es bien à plaindre, ou tu feras bien heureufe dans l'autre monde ! Tu fuis à la lettre le précepte de l'Evangile

quand

quand on te donne un foufflet fur une joüe, vîte, tu tends l'autre pour en recevoir un fe-cond, & c'eft fort Chrétien.

XLVI.

Ma bonne amie! tu es comme la machine de *Marli*; vieille patraque qui ne vaut plus rien; tu vas comme on te pouffe. Encore, quand on te pouffe bien, fi tu allois bien, ce ne feroit que moitié mal; mais, par fois, tu es fi rétive qu'une mule, il faut te ficher une groffe épin-gle dans le ventre pour te faire marcher: tu es fi chargée de reliques, que tu ne peux mettre un pied devant l'autre. Crois moi: fais comme, l'âne de la fable qui avoit fur fon dos une charge de fel, en paffant le ruiffeau, laiffe couler tes reliques dans l'eau, & comme cet âne, tu auras de l'efprit.

XLVII.

O *Efpagne*, réveille-toi donc! rapelle ta gloire paffée! regarde au tour de toi: vois ce que tu as été, ce que tu es, & ce que tu peux être! Tu avois, il y a quelque cinquantaine de luftres, la prépondérance dans le monde; & à préfent qu'y as-tu? pas grand' chofe.

XLVIII.

XLVIII.

Tu as la garde de grands tréfors; mais avec ces tréfors, tu es comme *Tantale* au milieu des eaux. Ce n'eft pas pour toi, c'eft pour d'autres. Tu peux bien dire comme Monfieur *Maro*, — *Sic vos*, *non vobis*. — Comme la brebis, tu portes la toifon, mais c'eft pour habiller *Pierre*, ou *Jaques*; comme l'abeille tu fais du miel, mais c'eft pour faire une galette à la femme de Compère *Mathieu*, lorfqu'elle eft en couches.

XLIX.

Ma bonne amie! je te le dis en confcience: fi tu ne prens cette fois le mors aux dents, & fi tu ne remontes pas fur ta bête, c'eft que tu n'y remonteras jamais de ta vie.

L.

Le léopard a la fiévre tierce, quarte & généralement toutes fortes de fiévres. Il a les convulfions, comme on les avoit, il y a quarante ans, au fauxbourg St. *Antoine* à *Paris*. Il eft comme un poffédé du Diable... *Efpagne!* mets lui une poutre & une pierre de taille fur le ventre, & affomme lui la tête à coup de buches.

LI.

LI.

Si non, fi quelque habile Docteur de *Cambridge*, ou quelque bon Chirurgien de St. *Côme*, lui chaffe les convulfions & la fiévre du corps, gare qu'il ne te dévore, toi & ta fœur la *France*, un jour à venir!

LII.

Courage donc *Efpagne*, courage! fais un peu mieux marcher tes montagnes! tu les armes fi pefamment, tu les gouvernes fi mal, qu'elles ne peuvent prefque fe remuer, ni prendre le vent, ni obéir à la manœuvre de tes gens. Tes matelots font fi lourds que tes vaiffeaux font maffifs; tes pilotes prefque auffi ignorans que tes matelots; & tous tes Dons avec leur enflure *Caftillane* font des originaux fans copie fur mer.

LIII.

Etudie donc bien ta leçon! prens bien, tes mefures! donne des aîles à tes montagnes, & de bonnes cartes à tes marins, & ne vas pas, comme c'eft ta coûtume, mettre fur tes vaiffeaux des Régimens de *Capucins* & de *Pic-puces*, & des légions de Saints & de Saintes; tout ça porte malheur, & ne vaut rien pour la guerre!

LIV.

LIV.

Ça donc! un peu de cœur, un peu de vigueur, un peu de nerf, un peu d'efprit, un
peu d'intelligence, un peu de prudence, & à
l'aide du coup de colier que va te prêter ta fœur
la *France*, — ô *Efpagne!* je te le prédis: il arrivera, qu'après avoir cueilli des ronces comme
par le paffé, tu cueilliras des lauriers plus beaux
qu'aucun laurier qui foit fur pied dans aucun
des jardins de toutes tes *Caftilles*.

CHA-

CHAPITRE V.

I.

Et le GRAND TONNANT continuant de nouveau de parler à son Prophéte, disoit:

II.

Il y a sept vaches au monde comme celles que vit autre-fois en songe *Pharao;* pleines, grasses & belles à voir, mais tirant sur l'étisie la plus extréme. Elles vont devenir laides & maigres de chair. Elles seront hideuses: elles feront peur.

III.

O toi, *Hollande!* ta désolation est prochaine. Tu resteras telle qu'une cabane en une vigne: telle qu'une loge en un champ de concombres: telle qu'une cahute en un clos d'*arder-appel.*

IV.

Tu seras comme le chêne du quel la feuille tombe, & comme le verger qui n'a point d'eau. Tu deviendras comme l'étoupe; tu brûleras: & aucun peuple de la terre ne viendra éteindre ton feu. Tu seras en une calamité grande.

V.

V.

Les eaux de tes mers s'en iront, tes canaux
fécheront & tariront : on fera détourner tes
fleuves & tes ruiſſeaux : tes digues s'abaiſſeront,
& tes roſeaux & tes joncs feront coupés.

VI.

Tes pêcheurs gémiront, & tous ceux qui
jettent l'hameçon meneront deuil, & ceux qui
jettent le filet ſur les eaux languiront : ils feront
tous contriſtés de cœur.

VII.

Tes prairies deviendront auſſi féches que tes
Dunes, & tes vaches creveront de famine. Ton
beure ne fera bon qu'à froter le pied des chevaux, & ton fromage fera auſſi fec qu'un hareng
foret.

VIII.

Comme le feu confume le chaume, & la
flamme grille la paille ; ainſi ta fleur fera con-
fumée, & s'en ira à néant comme pouſſière.

IX.

Ton argent deviendra comme l'étain, & ton
or comme l'écume de la foupe qu'on donne aux
chiens.

chiens. Ton écume fera refondue au net, &
on t'otera tout ton étain. Tu feras froiffée, de
toutes les nations abandonnée ; tu feras hon-
teufe à caufe des chaînes que tu as defirées, &
tu rougiras à caufe des verges que tu as choifies.

X.

Ta poftérité fera comme le fablon, & ceux
qui fortiront de tes entrailles comme de la cendre
de fougère.

XI.

O *Hollande !* ton pays a été rempli d'or, d'argent, de thé, de caffé, de girofle, de canelle,
de mufcades ; il n'y avoit point de fin à tes
tréfors. Tu étois toute pleine de lingots que
tu mèlois avec ton beure & ton fromage. Tu
cachois tes facs d'or dans les fouterrains, &
dans la bourbe de tes fangeux marais. Tes navires échangeoint la merde (*) de ton cû avec
les peintures de *Plaifance*, & les porcelaines de
la *Chine*. Autrefois, étendant la main fur les
mers,

____

(*) Le Commerce de matiére fécale eft une branche
des plus lucratives du commerce de la *Hollande*. C'eft
avec la merde du cû *Hollandois* que les *Flammans* fu-
ment leurs terres. En *Hollande*, c'eft un crime de léze
République que de détruire cette matière précieufe qu'on
vend au marc la livre, comme le fil d'or.

mers , tu fefois trembler l'océan ; aujourd'hui tu es honnie & méprifée, comme on honnit & méprife une proftituée de tes *Mufico.*

XII.

Le Confeil de tes fages eft vendu : ton pays eft trahi; tes fages ne font plus de la race de ceux du tems jadis; un efprit de renverfement a été jetté parmi eux par les guinées *Angloifes*, & ils ont fourvoyé en leurs voyes. Qu'ils te difent tes fages ce qu'il va t'advenir!

XIII.

Malheur à toi! malheur fur toi! la maigreur, la frayeur & les chaînes font fur toi, & fur ceux qui habitent ton pays.

XIV.

Tu vas être comme empêtrée en des lacs & enfevelie en une foffe profonde. Tu parleras, & on ne t'entendra pas : tu parleras comme de dedans la terre : ta parole fera baffe comme fi elle fortoit de la pouffière. Tu feras comme de la poudre même : par tout l'univers on te foulera aux pieds. Tu gémiras à caufe de l'opprobre qui fondera de toute part fur toi : tu meneras deüil : tu pleureras comme la fille abandonnée au coin des rues.

XV.

XV.

Que tes spéculateurs de commerce qui contemplent les étoiles, & qui font leurs prédicti. ons fur la lune, comparoiffent maintenant, & qu'ils te délivrent des calamités qui vont choir fur toi!

XVI.

Le mal vient fur toi : le malheur tombe fur toi : la ruine éclate fur toi, & aveugle, tu ne t'en apperçois pas! fieds-toi toute coite & rentre aux ténébres, ô *Hollande!* car tu ne feras plus apellée la commerçante des nations!

XVII.

O navires de l'*Amftel*, heurlez! & toi cité dont les marchands étoient des Princes, & les Facteurs les plus opulens de la terre; toi qui étois remplie par les marchands des mers, & par ceux qui traverfent l'océan; les feuilles de l'*Inde*, les graines, les moiffons de toutes les terres & de tous les fleuves, étoient ton revenu, tu étois la foire de toutes les nations; ô toi! toi, pouffe des cris de choüette & de hibou! Ton foutien & ton appui vont t'être ôtés, & tu feras rançonnée par l'étranger.

XVIII.

XVIII.

Toi, *Hollande!* qui, après avoir brifé lé joug des Rois, as vû paffer en tes mains le fceptre des mers ; toi , qui encore dans l'enfance, & levant à peine la tête hors de tes marais, dominois en Souveraine fur l'océan; toi, qui t'affurois des conquêtes & des établiffemens par tout où tu portois tes armes;...

XIX.

Toi, qui réfugiée au fein de la mer, & comme enfevelie dans la fange & les rofeaux, avec l'INDUSTRIE & la LIBERTÉ tes Dieux tutelaires , jettant les ïeux fur la face du globe, te difois en toi même avec complaifance :

XX.

,, Mon domaine eft le monde entier ; j'en ,, jouis par ma navigation & mon commerce. ,, Toutes les terres fourniffent à ma fubfiftan,, ce; tous les peuples à mon aifance."

XXI.

Toi qui étois l'entrepot de toutes les Puiffances, le magafin de l'univers entier ; toi, qui, par ta prudence, favois endormir la pareffe des
Con.

Conquerans superbes, & par ta vigilance & ton activité, surprendre la clef de leurs trésors, ne leur laissant que le coffre que tu avois soin de vuider, à mesure qu'ils le remplissoient.

XXII.

Toi dont les habitans étoient autant de pêcheurs, navigateurs, courtiers, banquiers, voituriers, commissionaires, porte-faix de l'*Europe*; toi qui as été, un tems, la maîtresse du commerce par ton industrie, & de toutes les mers par la force de tes escadres; toi dont le pavillon se promenoit avec autant d'assurance que se promene le lion parmi les autres animaux;...

XXIII.

Toi! toi, *Hollande!* tu es comme tombée en paralysie. Tu es comme un vieux chêne dont les feuilles paroissent encore vertes, mais dont le tronc commence à pourrir. Tu tends à ta chûte; tu cours à grands-pas à ta ruine & à ta destruction totale.

XXIV.

Rapelle-toi ton antique médaille (*), ce vais-

___

(*) Médaille frapée par ordre des Etats, lors de l'union de la République faite à *Utrecht* le 4 Février 1579.

vaisseau en pleine mer, sans voiles & sans gouvernail : & ces mots de l'exergue, " *incertum* ,, *quo fata ferant !* ".......

XXV.

Oui, tu ignores, encore une fois, quel sera ton sort ! l'*Anglois* met la cognée à tes pieds : la *France* te pousse l'épée aux reins ; ton vaisseau est menacé d'une tempête effroyable ; l'orage grossit de toutes parts ; l'éclair serpente dans ton atmosphère ; le tonnerre gronde ; l'incendie s'étend ; gare qu'il n'en tombe quelque étincelle chez toi !

XXVI.

Redoute les menées sourdes, les trames perfides, les intrigues masquées, sur tout les chaînes pesantes que te forge dans des conciliabules secrets la politique tortueuse (*) !

XXVII.

Pauvre *Hollande* ? tu es comme une bergerie située au milieu d'une fôret, & exposée de toutes parts à être ravagée par les loups. Aïe grand soin d'en garder toutes les avenües, car, si

les

____

(*) Ma bonne amie, je t'aime de tout mon cœur, mais prens garde à tes choses !

les loups y entrent, ils dévoreront une bonne partie de ton troupeau!

XXVIII.

Quoiqu' abatu, ne crois pas le léopard impuiffant. La rage le pouffe: le défefpoir l'anime, & fi on lui fait manger dix livres de *Rotbeef*, vingt livres de *Pudding*, & boire trente, ou quarante boles de *Punch* à l'*Arack*, il fera le Diable à quatre dans la maifon. Ce fera un enragé, à lier, garotter!

XXIX.

Jamais le lion ne redreffe mieux fes crocs & fes mouftaches, & ne frape de plus rudes coups avec fa queue, que lors que percé d'une fléche mortelle, ou atteint du plomb meurtrier, fe roulant dans le fable, il fait retentir les déferts de l'*Afrique* de fes lugubres rugiffemens.

XXX.

Le léopard préfere de s'engloutir vivant dans les abîmes de la mer, plûtôt que d'en partager l'empire avec les autres animaux.

XXXI.

Crains qu'au moment où il reprendra fes forces, il ne les ramaffe toutes, pour te laiffer,

en

en expirant, un souvenir affreux de sa puissan-
ce! Crains qu'il ne porte la dévastation dans les
champs de tes deux hémisphères!

XXXII.

O *Hollande !* que cet astre nouveau (*) qui
se leve au milieu du firmament te donnera de
fil à retordre!

XXXIII.

Vîte, vîte, rapelle tes *Tromp*, tes *Ruiter*,
tes *Obdam !* ou fais renaître de leurs cendres,
si tu peux les retrouver, des hommes qui leur
soient semblables ! sinon, adieu ! *Requiescas in
pace !*

XXXIV.

Allons donc, *Hollande !* allons donc : cou-
rage, ma bonne ! De *Petersbourg* à *Cadix*, de
Cadix à *Boston*, & de là jusqu'à *Siam*, jusqu'au
Japon, enfin jusqu'au bout du monde, on a
                                                    ten-

(*) Ça ne peut être que l'*Amérique*. Mr. le Prophéte
est quelque fois clair, quelque fois obscur ; telle fois
sérieux, telle fois badin ; & ce n'est pas notre faute.
S'il se damne, tant pis pour lui : & s'il va faire un
jour chambrée avec les Diables d'Enfer, c'est qu'il ne la
fera pas avec les Anges du Paradis.

tendu un filet pour prendre cette bête féroce de léopard, qui eſt pire que la bête du *Gévaudan* (*). Celle-ci ne mangeoit que des têtes de petits garçons, ou de petites filles, laiſſoit le reſte ; mais le léopard dévore bravement le corps entier des grandes perſonnes.

XXXV.

Ce diable d'animal n'eſt jamais raſſaſié, il faut qu'il aît des boyaux comme des veſſies.

XXXVI.

O *Hollande !* prens moi un coin du filet, & arme toi juſqu'aux dents, comme quand tu vas à la pêche de la baleine. Mais ſois prudente, ne vas pas toute ſeule ; car ſi tu rencontrois la bête en chemin feſant, & que tu ne fuſſes pas aſſez adroite, ou aſſez prompte pour la cramponner avec ton crampon par la tête, & vîte lui percer le flanc, je te le dis : tu riſquerois fort de devenir ſa proïe.

XXXVII.

(*) Bête terrible échapée de je ne ſais où, qui a ravagé, il y a quelques années, une, ou deux Provinces de *France*. Cette bête étoit ſi légère à la courſe, qu'elle feſoit, DIT-ON, vingt cinq milles par heure.

XXXVII.

Rapelle donc tes forces, reprens tes efprits, porte ta tête altière fur les mers: avance fiérement à la rencontre du léopard, & je te prédis que l'animal chaffé de toutes parts fe fauvera à ton approche , & peut-être rentrera furieux en fa tanière manger la terre, & mordre la pouffière.

XXXVIII.

Alors, *Hollande*, délivrée des fraieurs & des alarmes que te caufe fans ceffe la bête vorace, tu fleuriras, & tu....

Sembleras un arbre grand & beau
Planté au long d'un clair coulant ruiffeau,
Et qui fon fruit en fa faifon apporte,
Du quel auffi la feuille ne choît morte.
Toujours heureufe, & profpère feras.

CHA-

CHAPITRE VI.

I.

Le GRAND TONNANT ayant ainsi parlé, répandit sur son Prophéte comme une espèce de sommeil pendant le quel, *Paul-Jones* vit d'abord cinq cornes.

II.

Et le Prophéte demanda : que veulent dire ces cinq cornes ? & le GRAND TONNANT répondit : ce sont ces cinq cornes qui vont achever de dissiper ton ennemi le *Breton*.

III.

Paul-Jones regarda & vit de nouveau cinq charpentiers de navire; & le Prophéte demanda : que viennent faire ceux-ci ? & le GRAND TONNANT répondit : ce sont les cinq cornes qui vont achever de dissiper ton ennemi le *Breton*; mais ceux-ci sont venus pour l'effrayer davantage, & pour travailler à abattre les cornes de la *Bretaille* nation, qui a jadis élevé la corne contre tous les peuples du monde. On va couper tous les cédres, tous les pins, tous les ormeaux de la *Moscovie*, de la *Gothie*, de la *Vandalie* pour faire des navires. Les navires faits, les *Vandaliens*, les *Gothiens*, les *Moscoviens* monteront deſſus avec d'autres ſtipendiaires de leur gabaris, pour faire peur à la bête. Ils ſe promeneront de mer en mer, & échoueront ſur les côtes. Ils feront des S A L V E ; brûleront quelques cartouches en l'air ſans faire du mal à la bête ; puis rentreront chez eux contens comme des vilains, épuiſés, haraſſés comme des gens qui ont fait trois fois le tour du monde.

IV.

Et le Prophéte regarda encore, & voici qu'il vit une femme qui avoit une couronne ſur ſa tête, & en ſa main un cordeau de ficelle, & un grand rouleau de papier ſuperſin ; à la quelle femme le Prophéte dit : où vas-tu ? & elle lui répondit : je vais meſurer avec ce cordeau de ficelle la grande & groſſe Puiſſance, & voir quelle eſt ſa largueur, longueur & profondeur.

V.

Et ce rouleau, pourquoi faire ? C'eſt pour écrire deſſus les loix qui doivent regner ſur la mer & provoquer toutes les nations contre la

bê-

bête. Ce rouleau fera comme une épée à dix-sept tranchans (*).

VI.

Et encore une fois le Prophéte regarda, & voici qu'il vit les navires des Rois de la terre affemblés pour faire la guerre contre la bête. Et ces navires étoient l'Aigle, l'Eléphant, le Cheval marin, le Lion, le Veau. — l'Aigle marchoit fiérement en avant, aîles éployées; — l'Eléphant, fuivoit, mais de loin, & fefant mine de vouloir rentrer en fon étable; — le Cheval marin ayant trois couronnes d'or entre les deux oreilles cheminoit paffablement bien. — Le Lion fe traînoit ventre à terre, comme s'il n'eût eu ni pieds, ni pates; il paroiffoit honteux comme un chien à qui on a coupé la queüe. — Le Veau ayant fept châteaux d'or entre les cornes (†), ne fe remuoit pas plus qu'une montagne; pas plus qu'une vieille vache clouée fur le fumier d'une écurie.

VII.

(*) Une épée à dix-fept tranchans! Et à combien de pointes? Une telle épée couperoit bougrement fort. Elle pourroit fort bien couper en deux la *Ste Trinité Efpagnole* de 120 canons, & faire la barbe fans favon au *Terrible François* de 110.

(†) Ce veau ne peut être que le *Portugal* défigné par les fept châteaux d'or, qui fe trouvent dans la bordure de l'écu de fes armes.

VII.

l'Aigle voltigeoit au tour du Cheval marin, & de l'Eléphant; & fes aîles agitoient l'air comme un éventail. Elle béquetoit le Lion & le Veau, & le Lion, pauvre animal fans poil, fans crinière & fans grifes, étoit auffi lâche qu'une poule mouillée, & le veau trembloit comme un jonc dans l'eau. Il n'avoit pas plus de courage que fi le boucher lui eût déja fait paffer le goût du pain. Pauvre bête, elle paroiffoit à plaindre.

VIII.

Et l'Aigle difoit à l'Eléphant, au Cheval marin, au Lion, au Veau : le Léopard vorace mange & dévore nos petits Aigliaux, nos petits Eléphantiaux, nos petits Lionceaux, nos petits Viaux : & ces quatre bêtes répondoient à la cinquiéme chacune fuivant fa langue & fon efprit. L'une de fa lourde trompe ; l'autre de fon pied léger ; l'autre de fa queüe à demi morte ; mais la dernière ne parloit encore, pas plus, que ne parlent entre fes deux cornes, fes fept châteaux d'or.

IX.

Et le Prophéte encore regarda, & voici qu'il vit un cheval blanc, lefte comme un poulain de

dix

dix mois, ayant une aigrette de lys blanc. Puis il vit un autre cheval qui étoit roux comme poil de *Judas*, ayant une grande, longue & large épée gravée au beau milieu du front, & ce fecond cheval trotoit comme une bourrique. Encore, & encore le Prophéte regarda & voici qu'il vit un aigle à deux têtes, ayant pieds & becs ; dans la ferre droite un glaive tout nud, & un fceptre tout d'or, & dans la gauche un globe comme un *Atlas*. Encore, encore & encore le Prophéte regarda, & voici qu'il vit un fecond aigle tout noir, ayant une couronne d'or, la tête pleine d'yeux, mais d'yeux comme ceux d'*Argus*. Ce fecond aigle paroiſſoit auſſi fin qu'un renard.

X.

Or voilà que le cheval blanc, le cheval roux, l'aigle à deux têtes, l'aigle noir, & le premier aigle ayant, comme les autres, bec & membres, trois diadêmes fur la tête, & fur la poitrine une efpèce de cavalier nud, d'argent, tenant une lance dont il tue un dragon au naturel (*), & l'éléphant & le cheval marin, & le lion & le veau : — voilà que tous ces animaux tenoient confeil enfemble ; c'étoit l'aréopage des bêtes.

XI.

(*) C'eſt l'écu de *Moscovie*.

XI.

Or voilà que le Prophéte regarda encore une
fois, & voici qu'il vit tout de bon la bête du
Diable, le grand dragon qui eſt *Satan*, le vieux
ſerpent & le gros malin. Cette bête étoit ſem-
blable à un léopard, & ſes pieds étoient comme
les pieds d'un vautour, ſes crocs comme les
crocs d'un tigre, ſa geule comme la geule d'un
lion. Elle avoit trois têtes, trois cornes, trois
diadémes, & ſur ſes têtes un nom de blaſphéme,
ç'étoit GOD DAMN.

XII.

Deux têtes de la bête paroiſſoient bleſſées à
mort; l'autre ne paroiſſoit pas bleſſée ſi mor-
tellement. Elle traînoit trois de ſes pates, &
boitoit de la quatriéme. Mais il paroiſſoit qu'il
y avoit encore eſpérance de guériſon pour la
pauvre bête.

XIII.

Les autres bêtes crioient à pleine geule: " cet
,, animal exerce puiſſance ſur la terre parmi
,, nous autres animaux, il faut le tuer." Les
unes diſoient *Amen*, les autres gardoient ſilence.

XIV.

XIV.

Le cheval blanc couroit à toute jambe, & ne pouvoit encore l'attraper. — Le cheval, roux, vieille rosse, cheminoit à peu près comme la monture de notre Seigneur. — L'aigle à trois couronnes avec son cavalier, nud, d'argent, sur l'estomac, fesoit des caracoles comme un houzard qui n'a envie ni de tuer, ni d'être tué. — L'éléphant comme un jeune poulet d'Inde s'amusoit à ramasser les grains d'orge & de millet par terre, tout juste comme un dindon. — Le cheval marin paroissoit avoir bon cœur, bonne envie, mais il n'avoit pas l'air de pouvoir aller trop vîte, & menaçoit d'être bien tôt rendu faute d'avoine. — Le lion se lamentoit sur la défaillance de ses forces, & restoit là en stature d'âne. — Le veau aux trois châteaux d'or, couché par terre, vraiment comme un veau, sembloit attendre patiemment le coup de grace. — L'aigle a deux têtes ne souffloit pas le petit mot, ne fesoit pas le plus petit mouvement, il sembloit au contraire avoir pitié de la malheureuse bête. — L'aigle noir avec ses ïeux comme des lanternes, lançoit des coups d'œil à percer une muraille, & sembloit n'attendre l'occasion, comme le larron, que de poser ses grifes sur une partie de la dépouille du pauvre animal.

XV.

XV.

Or, voilà pourtant qu'enfin ligue & complot eſt formé parmi les bêtes contre l'autre bête, de conſommer ſur elle leur colère. Voilà qui eſt arrêté de lui déclarer la guerre juſqu'au bout de la mer & de la terre, & de la détruire *tout partout* où l'on pourra la trouver, ou la pêcher.

XVI.

Or, voilà que la bête noire, c'eſt-à-dire le léopard grincoit les dens, retrouſſoit ſes cros & feſoit vilaine grimace au cheval blanc. — Il donnoit des coups de queue ſous le ventre entre les deux jambes de derrière au cheval roux, & vouloit comme le chatouiller entre les cuiſſes. — Il tournoit au tour de l'aigle au cavalier, d'argent, comme tourne le loup au tour d'une géniſſe pour lui jetter du ſable dans les ïeux, ſans cependant paroitre vouloir lui faire de mal. — Il léchoit la trompe de l'éléphant, & lui feſoit careſſes. — Il ne paroiſſoit pas trop empreſſé à faire ſa cour au cheval marin : il lui feſoit pourtant politeſſe. — Mais au lieu de politeſſes & de careſſes pour le lion, il lui donnoit des coups ſi rudes & ſi rudes, que la pauvre bête en étoit toute malade. — Pour le veau, il lui feſoit quelques ſimagrées en forme de com-

pli-

plimens qui ne veulent pas dire grand' chofe. —
Pour les deux autres bêtes, l'aigle à deux têtes,
& l'aigle noir, il ne paroiſſoit pas encore s'en
inquiéter beaucoup. Pourtant le léopard, pauvre animal, ſembloit avoir paſſablement de chagrin de ſe voir entouré de tant d'animaux. Il
paroiſſoit appréhender bien fort que les autres
ne s'élançaſſent ſur lui pour le dévorer toutà-fait, ou du moins lui caſſer, ou arracher quelques côtes, & ça n'eſt pas gracieux.

XVII.

Non obſtant, quoique ſemblant boiteux &
bleſſé à la tête, le léopard feſoit encore aſſez
bonne contenance. Aucune autre bête n'oſoit
trop lui chercher chicane, pas même trop fixement le regarder en face. Le cheval blanc ſeulement lui donnoit en paſſant quelques ruades,
mais ſans lui faire grand mal. Le cheval roux
n'oſoit trop l'approcher. Il battoit en retraite,
feſoit ſeulement ſemblant de vouloir piſſer à la
muraille ; les autres bêtes paſſoient tranquillement leur chemin, & ne diſoient pas grand'
chofe.

XVIII.

Le léopard ſe complaignoit pourtant, &
diſoit aux autres animaux : je ſuis votre frère &
com-

compagnon entre les bêtes. Pourquoi me chercher noife? Pourquoi conjurer enfemble contre
moi qui fuis feul? Le cheval blanc m'a fait
querelle, ma lancé des ruades, fans l'avoir pro-
voqué, & pourquoi en reprefailles m'empêcher
de lui déchirer une feffe, & de lui manger les
tefticules, fi je puis? & le cheval roux fon frère
s'eft mis de la partie fans caufe, ni raifon, feulement pour aider fon frère le cheval blanc. Ils
ont tort tous deux: j'en apelle au jugement de
tous les animaux.

XIX.

L'aigle au cavalier fur la poitrine, prenant la
parole, difoit: léopard! tu es ce grand dragon,
ce grand fcorpion qui dévore les œufs de nos
petits. — Le cheval marin difoit: tu as étran-
glé un jeune poulain forti de ma cuiffe. —
L'éléphant difoit: puis que tu manges les œufs
des petits, que tu étrangles les jeunes poulains,
j'ai peur que tu ne mange de mes œufs & que tu
ne coupe la gorge à mes petits éléphantiaux.
Par ainfi, je me range du côté du plus fort,
fauf à ne te point faire de mal, fi tu promets
de ne m'en pas faire. — Le lion difoit: parce
que je fuis vieux; que j'ai perdu de mes forces;
que, depuis long tems, je n'ai plus de cheveux;

qu'à

qu'à cette heure je dois porter perruque , &
bien tôt des lunettes, tu me fais toutes fortes
de niches, à moi, qui étois autrefois avec toi
compère & compagnon , qui courions les bois
enfemble , je veux bien ne pas me déclarer encore contre toi: mais fi l'aigle au cavalier, d'argent , le marin cheval , l'éléphant, le veau &
les cheveaux roux & blanc, me menacent de
mort , je ne pourrai ·pas faire autrement que de
m'élancer fur toi avec les autres bêtes. — Le
veau difoit : je fuis un foible animal, j'ai des
jambes courtes , & le plus foible limier peut
m'attraper. Pourquoi m'expofer à la voracité
des autres animaux ?.. Toi , ami léopard , tu
me protége: je ne te ferai infidéle que lors qu'on
me mettra le couteau fous la gorge!

XX.

Or , voici que l'aigle au cavalier fur l'efto-
mac, exhiba le rouleau fur le quel étoit écrit en
gros caractères le *code animal*, portant les loix
que doivent obferver entr'eux les autres animaux; & adreffant la parole au cheval blanc, au
cheval roux & au léopard , difoit : " j'ai bec
,, & grifes , & pourtant je ne fais pas de mal
,, aux autres bêtes. Ne m'en faites pas non
,, plus ; car, je vous dis que fi vous me donnez
,, feu-

,, feulement une chiquenaude, je me vengerai,
,, fi je puis; je vous béqueterai & vous griferai
,, de toutes mes forces".

XXI.

Le cheval blanc par des ruades, & le cheval
roux par des pétarades, chacun à fa façon té-
moignoit fa fatisfaction à l'aigle, & proteftoit
foi d'animal, qu'il ne feroit de fa vie pas le plus
petit Bobo à la bête. Le léopard, fes crocs de
travers, manifeftoit un peu de mécontentement;
du refte étouffoit en lui-même fa rage.

XXII.

La même bête continuant, difoit à l'éléphant, au cheval marin, au lion, au veau:
,, Voici un plan, le plus beau plan qui foit
,, jamais entré dans la tête d'aucune bête du
,, monde, pour la fureté de tous les animaux
,, de la terre. C'eft pour que chaque animal
,, puiffe être fur de fa peau & de fes os, & ne
,, pas craindre à l'avenir la voracité d'une autre
,, bête que je propofe un pacte facré entre
,, nous autres animaux. Par ce pacte chacune
,, de nous, cinq bêtes que nous fommes, s'engage
,, à fecourir fa compagne, au cas qu'une autre
,, méchante bête tombe fur le corps de l'une
,, de nous, & veuille lui faire du mal."

G   XXIII.

XXIII.

Lecture férieufe faite du pacte, l'éléphant, le cheval marin, le lion, fefoient compliment à l'aigle fur fa fageffe & fon foin à mettre la vie des bêtes fous bonne fauvegarde. Le veau vantoit fort l'efprit de l'aigle, mais ne s'empreffoit guère à figner le pacte animal. Aux complimens près, le lion tournoit au tour du pot, crainte de fe brûler, & paroiffoit avoir peur qu'on ne fe fervit de fa pate, comme de celle du chat, pour tirer les marons du feu.

XXIV.

Entre-tems, le léopard couroit fiérement les champs, les bruyères, les coteaux, les montagnes, rugiffant comme une bête féroce qui cherche & qui ne trouve pas fa proye pour la dévorer.

XXV.

Le cheval roux reftoit fur le fumier de fon écurie; — le cheval blanc s'échapoit à la fourdine & alloit manger du foin dans l'étable de fon frère le cheval roux, toutes deux, pauvres bêtes, fembloient craindre la dent du loup. — L'aigle au Cavalier d'argent fur la poitrine, fe promenoit nonchalemment comme un cigne dans un

vi-

vivier; c'étoit une bête qui paroiſſoit avoir plus de pucur qu'elle n'en inſpiroit. — Le lourd éléphant ſorti de ſon trou, y rentroit inconti-nent, crainte de la fléche. — Le cheval marin faute de bons fers aux pieds & de bonnes gui-des, ne s'écartoit pas trop. — Le lion ſembloit vouloir paſſer l'hiver ſur la paille pour rétablir ſes forces. — Le veau étoit toujours veau, toujours vautré à ſon ordinaire, & appréhendant à tout bout de champ le couteau du boucher.

XXVI.

L'aigle battoit de l'aſle & du flanc, comme pour ſtimuler le pauvre veau & le pauvre lion qui ne bougeoient pas de place, & le peſant éléphant qui avoit toujours le regard tourné vers l'étable. L'aigle à tout bout de champ leur remettoit le rouleau ſous les ïeux, leur repré-ſentoit avec les plus fines fleurs de la rhétorique & les plus ſubtiles couleurs de la politique, combien le paƈte animal en queſtion tendoit à la félicité de toutes les bêtes.

XXVII.

Pour pouſſer plus vivement les bêtes, l'aigle diſoit: " ce paƈte eſt un glaive qui coupe, qui „ pique, qui tranche d'eſtoc & de taille; c'eſt

„ un ,

,, un feu qui brûle, qui confume tout; c'eſt
,, une coupe d'indignation & de colère; c'eſt
,, enfin la phiole de l'*Apocalipſe*; en la verſant
,, ſur la mer, elle deviendra comme le ſang
,, d'un corps mort, & la bête, c'eſt-à dire, le
,, léopard qui ſe proméne deſſus, crevera, ſera
,, jetté dans le puits de l'abyme, on l'y enfer-
,, mera, on mettra le ſceau ſur lui, & il ne
,, pourra plus faire du mal aux autres bêtes.
,, Alors, tout ſera fait, on entendra *tout par*
,, *tout* la voix des joueurs de harpe & des muſi-
,, ciens, & des joueurs de hautbois, & de ceux
,, qui ſonnent de la trompete & qui battent
,, du tambour. Toutes les bêtes feront en
,, réjouiſſance, parce que le léopard ſera mort.
,, Oui ce paĉte eſt comme de l'arſenic, la mort
,, ſuivra après, l'animal en crevera infaillible-
,, ment.

XXVIII.

,, A nous tous animaux, diſoit encore l'aigle,
,, eſt donné pouvoir de détruire la bête, &
,, d'oter la guerre de la terre: à nous la puiſ-
,, ſance de tuer & faire tuer par l'épée, par la
,, famine, par la mortalité, par la dent des
,, autres bêtes ſauvages du monde, le léopard
,, cet animal incarné de l'enfer. Ce rouleau
,, contient la façon de s'y prendre; qu'on
,, ex-

,, exécute de point en point les articles y gra-
,, vés en groffes lettres, & ç'en eft fait de la
,, bête!"

XXIX.

Et les bêtes de fe faire réciproquement des
complimens , des préfens , & les chofes d'en
refter là. Le cheval blanc & le cheval roux de
manger la paille & le foin dans l'écurie. Le
léopard de marcher la tête levée au milieu de
tous les animaux, de leur donner par ci, par là,
des coups de dents , des coups de queüe, des
coups de griffe ; l'aigle de faire des caracoles ;
les autres bêtes de ronger leurs mors en patience, & d'être réfignées à la volonté de Dieu,
comme un Anachoréte du défert, & les chofes
d'aller leur train à l'ordinaire.

XXX.

Ceci eft la révélation du GRAND TONNANT
faite à fon Prophéte *Paul-Jones* , pour décou-
vrir aux Rois, aux Princes & à leurs ferviteurs,
les chofes qui doivent arriver. — Heureux
ceux qui ont des ïeux pour lire, ou des oreilles
pour entendre, car les chofes arriveront comme il eft écrit!

XXXI.

XXXI.

l'Aigle, bête terrible, ayant un pied sur l'*Europe*, un pied sur la *Chine*, fera un grand tremblement de terre, mais il n'y aura pas de malheur ; — le soleil deviendra un inftant noir comme le charbon, & la lune rouge comme le fang, mais ce ne fera qu'une éclipfe. Le ciel ne tombera pas encore par terre ; la mer, les fleuves & les ruiffeaux ne rebroufferont pas encore chemin ; .& ni les îles, ni les montagnes ne feront pas encore remuées de leurs places, & le léopard cet infernal animal ne mourra pas encore de fi tôt.

XXXII.

Toi , *Amérique !* je te le répette : n'appréhende rien des chofes que tu as à fouffrir. Il arrivera, comme il eft dit, que le diable de léopard mettra quelques-uns de tes gens en prifon, dans les cachots, dans les fers, on les pendra même, & on les enterrera au pied du gibet : il arrivera que des faux frères, des *Arnolds*, par exemple, apoftafieront, & te laifferont là comme du linge fale ; tu feras dans la tribulation, dans la mifère, dans les larmes ; mais aie toujours du cœur : fois toujours brave, combats toujours, & à la fin tu auras la couronronne de l'INDÉPENDANCE; si tu as la première mort, tu n'auras pas la seconde.

XXXIII.

LE GRAND TONNANT te connoit parfaitement bien; sait où tu habites, savoir là où le Satan de léopard t'avoit mis une pierre d'acchopement. Mais tu le vraincras, & il mourra de mort bien sur: il fera brisé comme la brique d'un potier, il deviendra tout vilain; mais toi tu seras brillante comme l'étoile d'Orient.

XXXIV.

LES Rois, les Empereurs, les Princes du monde, & les riches & les Puissans, & les Capitaines & les Lieutenans, & les serviteurs & les esclaves feront de concert ton trousseau. Crois-moi; tu ne seras pas malheureuse.

XXXV.

LORS qu'arrivera la grande journée qui assurera ton INDÉPENDANCE, alors une grande multitude de gens qu'on ne sauroit compter, de toutes nations & tributs, & peuples & langues accourreront vîte chez toi, labourer la terre, planter du tabac, boire du rum, chanter *Amen*, & en tems de Pâques *Alleluïa*.

G 4

XXXVI.

XXXVI.

Alors tu auras honneur & gloire, richeffes & force, armées & puiffance. Tu feras affife fur un trône tout d'or : tu feras, ma foi ! bien refpectée dans le monde ; tu liras la Gazette à ton aife !

XXXVII.

Et le GRAND TONNANT ne parlant plus, le Prophéte ceffa d'écrire.

F I N.

LE RÊVE

D'UN

SUISSE.

DÉDIÉ

A

SON

EXCELLENCE

Monseigneur l'Ambassadeur FRANKLIN, &
*à leurs Hautes Puissances Messeigneurs du
Congrès des Treize Cantons Unis
de l'*AMÉRIQUE.

A

BASLE EN SUISSE.

M DCC LXXXI.

A
MONSEIGNEUR
L'AMBASSADEUR.

MONSEIGNEUR,

Permettez qu'avec toute la révérence düe à VOTRE EXCELLENCE, je préfente mon encens à VOTRE GRANDEUR bénigne. C'eſt d'un bon cœur, d'un franc cœur, d'un cœur *Suiſſe*, en un mot, que j'offre à VOTRE ILLUSTRE SEIGNEURIE mon hommage, par ce rêve vraiment digne de fixer votre attention, ainſi que celle des HAUTS & PUISSANTS SEIGNEURS vos maſtres. Que Dieu les garde longues années en corps & en ame, ainſi que vous, MONSEIGNEUR!

DE VOTRE EXCELLENCE & GRANDEUR,

MONSEIGNEUR,

Le très humble, très obéiſſant &
très reſpectueux Serviteur,

JÉROME HELVETIUS,

Marchand d'allumettes en GROS
à Baſle en Suiſſe.

APOS-

APOSTILLE.

A propos, MONSEIGNEUR, j'apprens que vous faites des traités de commerce avec tout le monde. S'il y a lieu d'en faire un entre nous, je reclame votre haute protection. Le commerce d'allumettes est une des branches les plus lucratives du négoce : il est inconnu à la moitié du monde. Je suis sur qu'il n'est pas encore tombé en tête à vos maîtres. Le traité que je propose à VOTRE SEIGNEU-RIE, sera ou conditionel, ou éventuel, com-me le traité de la *France*, & pourra durer aussi long-tems. Le cas venant, VOTRE EXCEL-LENCE pourra s'adresser directement à mon correspondant Mr. *Louis la Plante*, marchand d'allumettes & de pierres à fusil, Rüe *Tire-vache;* ou à la bonne femme *Catho*, marchande d'amadou, Rüe *Pet-au-Diable*, à *Paris*, les quels j'aurai soin de munir de mes pleins pou-voirs à cet effet. Le traité en question arri-vant à bonne fin, VOTRE EXCELLENCE peut compter sur une jolie paire de gants de ma part.............

Monseigneur aura la bonté d'assurer de mon dévoüement sincère, Messeigneurs du *Congrès*,

&

& de leur faire parvenir ces lignes écrites de
ma main...

„ Le Marchand d'allumettes, *Jérome Hel-*
„ *vetius* de *Basle* en *Suisse* présente son respect
„ bien humble à leurs H A U T E S P U I S S A N-
„ C E S M E S S E I G N E U R S du *Congrès*. Il les
„ congratule sur leurs heureux succès, & en
„ conséquence a l'honneur de leur proposer
„ un traité de commerce en règle, à *l'inſtar*
„ de ceux que leurs H A U T E S P U I S S A N C E S
„ ont fait & font chaque jour avec les autres
„ Puiſſances du monde. Je n'en dis pas davan-
„ tage, Monſeigneur l'Ambaſſadeur dira le
„ reſte. Je noterai ſeulement, & aviſerai leurs
„ H A U T E S P U I S S A N C E S, qu'à la branche
„ importante du commerce d'allumettes, je
„ puis ajoûter celle de fromage de *Suiſſe* qui eſt
„ excellent dans la Soupe."

LE
RÊVE
D'UN
SUISSE.

C'étoit Samedi avant Dimanche, je ne sais trop quelle heure juste de la nuit, mais pourtant avant que notre coq eût chanté le jour, que j'étois tout en eau ; je suois comme quand je mets le soufre à une grosse d'allumettes. J'avois si chaud, si chaud qu'il falloit voir. *Margot* ma femme à côté de moi couchée, étoit comme quand un chien-canard a plongé en un lac. Nous étions tous deux trempés jusqu'à la paille du lit ; & moi je rêvois si fort que si j'eusse eu la fiévre en tierce, ou en quarte.

Margot crioit *Jérome*, *Jérome*, & moi de rêver comme un beau Diable. Si j'eusse perdu notre cochon, ou notre vache, je n'eusse pas plus peiné. Je rêvois, je rêvois que je voyois une femme de la plus mauvaise mine, ayant le dos couvert d'un vieux morceau de bergame,

&

& les cuiſſes à peine cachées par des haillons
de diverſes couleurs. Elle demandoit l'aumône.
Les allans & les venans alloient & venoient,
& tous lui diſoient : Dieu t'Assiste ; Dieu
te Bénisse !

Voyant bien qu'elle n'étoit pas *Suiſſeſſe*,
curieux, je m'approche , & lui demande bon-
nement, pauvre femme ! de quel pays es-tu ? —
Et elle de répondre qu'elle étoit de l'autre côté
de l'eau, & qu'elle s'apelloit l'*Amérique*.

l'*Amérique* !.. Ah ! tu es cette Servante ſortie
de condition de chez ce gros Seigneur qui rou-
loit caroſſe ! Ah ! je ne ſuis plus ſurpris, ſi tu
es en pareil état de gueuſerie ! Parce que tu avois
gagné quelques ſous au ſervice de ton maître,
tu voulois devenir maîtreſſe ; tu prenois des
airs qui ne conviennent pas du tout à une ſervante.

Mon bon Monſieur ! — Qu'apelles-tu ? je
ne ſuis pas Monſieur, je m'apelle *Jérome*, &
mon père *Jeannot* & ma femme *Margot*. Mais
j'ai bien entendu parler de toi. Tu avez une
bonne condition ; pourquoi ne pas la garder ?
Ça vaudroit bien mieux que d'aller , comme
tu fais, mendier de porte en porte.

Monſieur *Jérome* , vous vous trompez : je
n'ai jamais été ſur le pied de ſervante, ce qu'on
apelle ſervante là. Il eſt bien vrai que mon
pé-

père & ma mère ont été anciennement au ſervice d'un riche Seigneur, d'un gros Lord qui
leur avoit donné quelques morceaux de terre,
un petit champ à cultiver, ce qu'ils ont fait de
leur mieux poſſible, & toujours en en payant
annuellement la rédevance. A cette heure que
mon père & ma mère ſont morts dans ce même
champ qu'ils ont ſi bien cultivé & fertiliſé; le
Seigneur qui eſt un homme, ô mon Dieu! ſi
dur, veut me l'enlever, ou du moins poſer
deſſus de ſi fortes charges, que ça peut me ré-
duire à la mendicité.

    Oui, à la mendicité vraiment! Mais, pauvre
femme! qu'eſpéres-tu faire? Il n'y a jamais
rien à gagner avec les grands Seigneurs. Veux-
tu aller mendier tou pain toute ta vie?

    Ah! non pas certes: c'eſt un trop vilain
métier. Mais j'ai eſpérance en un autre Seigneur auſſi grand-Seigneur que notre maître,
& qui ſont enſemble comme chien & chat, &
je ſuis bien ſure que, quand ce ne ſeroit que
par pique, il m'aidera, il me protégera de toutes ſes forces.

    Ah! je te le dis: il ne fait pas trop bon
compter ſur les grands Seigneurs. Les gros
chiens ne ſe mangent pas. Ne ſais-tu pas ça?

    Oui, mais je compte bien ſur ce bon Sei-
gneur-ci: il ne me délaiſſera pas. Il y a entre
lui,

lui, & l'autre Seigneur une haine de père en fils, si grande, si mortelle, que quand & quand ils se rencontrent à la chasse, toujours ils se donnent des coups de fusil, ou lâchent leurs chiens l'un contre l'autre.

Beau ! beau ! les gros Seigneurs sont bien vîte fâchés, & bien vîte défâchés. Ils ressemblent les gueux; ils se racommodent à la gamelle. Mais quel est donc ton projet, & que t'a promis ce si bon Seigneur ?..

Ma foi ! de faire un procès. — Bon ! un procès ! — Oh ça ! écoutez : j'ai déja, moi, plaidé à mes frais, quatre ans de suite, & je n'ai discontinué que parce que les forces me manquent, & c'est ce qui m'a absolument ruinée, & que je me trouve en l'état piteux où vous me voyez. — Vraiment pour plaider, il faut avoir les reins forts; ces chiens d'Avocats & de Procureurs ruinent tout le monde. — Et tu t'attens que ce Seigneur poursuivra à ses dépens ton affaire; es-tu sure qu'il ne te promet pas plus de beure que de fromage ? — quelque morceau de ton champ, de ton pré, de ta vigne, ne seroit-il pas à sa bienséance, n'arrondiroit-il pas son domaine ? — Ah ! pauvre femme ! ne crois pas que les Seigneurs soient si braves !

Oh ! Monsieur *Jérome !* celui ci est bien bon & bien brave. Tout le monde en dit du bien. — Et pourquoi ? bonne femme ! s'il est si brave

H

&

& fi bon te laiffe-t-il aller trucher de porte en porte ? — Oh vraiment, il ma déja donné affiftance ! — Eh ! tu fais la geüfe ? — Oh ! mais le fecours n'étoit pas fi fort ! depuis il a envoyé des Experts fur les lieux pour vifiter le petit champ de mes pères, & quand ils en auront rendu bon compte, faut croire, ce brave Seigneur prendra tout de bon fait & caufe pour moi, & ne me laiffera, j'efpère, manquer de rien. — J'en doute ! — Oh ! n'en doutez pas : il y a un écrit paffé entre nous, par devant Notaire, & qui eft bien bon, un Doƈteur me l'a dit.

Mais, bonne femme ! ce Doƈteur, t'a-t-il dit que tu gagneras ton procés ? Peut-il l'affurer ? Eft-il dans la tête des Juges ? Et fi tu pers malheureufement, que deviendras-tu ? — Oh ! pour lors, Monfieur *Jérome*, je tâcherai de rentrer chez mon ancien Seigneur, ne feroit-ce que pour tourner la broche, ou laver la vaiffelle, ça fera toujours bon, mais ça n'arrivera pas, s'il plait à Dieu.

Tu n'en fais rien : le bon Dieu ne te l'a pas dit, & quoique cela foit écrit chez le Notaire, ça ne l'eft pas encore dans la *Sainte Ecriture*. — Mais dis-moi un peu quels font ces Seigneurs ; le tien propre d'abord, & puis l'autre ?

Monfieur *Jérome*, le mien s'apelle *George*; & c'eft un méchant homme : mais le bon Sei-

gneur

gneur qui fait tant de chofes pour moi, s'apelle *Louis*, & je le crois bon comme le pain.

Je connois un *Louis la Plante* marchand d'allumettes & de pierres à fufil, mon correfpondant, Rue *tire vache* à *Paris*, mais ce n'eft pas lui; il n'eft pas encore Seigneur. Je connois un *George la Fleur*, porteur d'eau, Rüe de *la Femme fans tête*; mais ça ne peut être encore lui, c'eft un pauvre homme. Je ne les connois pas: mais font-ils *Suiffes*, ou *Grifons*, *Neufchâtelois*, ou *Génevois*? S'ils font de ces deux derniers pays, ce font de très mauvais fujets, & ne t'y fie pas.

Non, ils ne font d'aucun de ces pays là; & il me paroit Monfieur *Jérome* que vous ne les connoiffez pas. — Oh! je ne connois pas tous les grands Meffieurs. — Ceux-là ne font pas d'allumettes, n'eft-ce pas?

Non furement, ce font des Seigneurs qui ne travaillent pas, qui ont de grandes armes, de grands chevaux, de grands caroffes, des troupeaux de chiens comme des troupeaux de moutons, & qui vont à la chaffe tous les jours......

Et *Jérome* de s'éveiller en furfaut, tout fuant, & de fe rendormir auffi tôt, & de revoir la même femme de mauvaife mine, à vieux haillons, vieux morceaux de bergame, toujours allant de porte en porte demander l'aumone à Monfieur un tel, Madame une telle, & la pauvre

 Dia-

Diableſſe de ne recevoir par tout que des Dieu te Bénisse.

Et *Jérome* encore une fois de l'acoſter, & de tout net lui déclarer que ſi elle perſiſte long-tems à faire un ſi vilain métier, elle riſque fort en *Suiſſe* ou ailleurs de ſe faire fuſtiger.

Et la pauvre ingénument d'à *Jérome* confeſ-ſer qu'elle ne ſait de quel côté de la tête don-ner; qu'elle eſt déſeſpérée, & que, pour tout au monde, elle ne voudroit pas, chez ſon maître pour ſervante, ou même pour femme de chambre rentrer ; qu'elle aimeroit mieux l'eau porter, ou les ſouliers d'un autre décroter, plûtôt que dans la maiſon de ſon premier maître rentrer; que c'étoit, bon Dieu! un homme ſi dur, ſi dur qu'on ne le ſauroit dire.

Tu cherches donc condition chez un autre, reprenoit *Jérome.* Va, preſque toutes les con-ditions ſe reſſemblent; il y a partout un *ſi*, ou un *car ;* partout il y a des os à ronger; on ſait ce qu'on perd, ou ne ſait pas ce qu'on retrouve. Eſt ce que tu n'avez pas de bons gages, bonne nourriture, bon pain, bon vin, bonne viande ?..

Monſieur *Jérome*, je vous ai déja dit que la difficulté eſt venue pour un champ que mon père & ma mère...... Oui, oui... Un champ: à cette heure je me rapelle que tu as eu un pro-cès, n'eſt ce pas ?.. Qu'un grand Seigneur qui a de grands chiens, de grands caroſſes, de grands
che-

chevaux, prend ton parti contre ton Seigneur, n'eſt-ce pas?.. Que ce Seigneur eſt ſon ennemi mortel, n'eſt ce pas?.. & que tu demandes la *cariſtade*, n'eſt ce pas?.. & que tu crois que ce Seigneur par ſon bon cœur, ſa belle ame, & de ſa bourſe te fera gagner ton procès, n'eſt-ce pas?. Qu'enfin, au lieu d'être ſervante tu ſeras maîtreſſe, n'eſt-ce pas?....

Va, va bonne femme, crois moi: il vaut ſouvent mieux être ſervante chez les autres que maîtreſſe chez ſoi. Il n'y a ſouvent pas de plus embarraſſé que celui qui tient la queüe de la poële. Moi, j'étois cent fois plus heureux, cent fois plus content, étant garçon *Jérome*, qu'à préſent que je ſuis maître *Jérome*. Quand j'étois garçon que j'avois ſeulement un ſou en poche, je buvois, le Dimanche, une pinte tranquilement, à mon aiſe. A préſent que je tiens boutique & ménage, je ſuis quelque fois plus embarraſſé qu'une poule qui n'a qu'un poulet.

Et tu veux plaider? toi!... Tout Juge, Avocat, Procureur te jettera la porte au nez, te renverra comme une geuſe que tu es!

Monſieur *Jérome*, ne vous fachez pas : je vous ai dit qu'un Seigneur ennemi de mon Seigneur prenoit fait & cauſe pour moi, qu'il m'avoit promis....

Promis! promis! quoi? des fagots, des lanternes!. Eh! S'il t'a promis, pour quoi ne te

don-

donne-t-il pas ? qui a bon cœur , & pièce en poche , ne fe fait pas tirer l'oreille deux fois.

Monfieur *Jérome* , il m'a promis de m'affifter , de me fécourir , de me protéger. J'ai touché quelque chofe , & j'ai vu qu'il avoit bonne envie de faire pour moi , d'agir en ma faveur ; — mais les tems , les tems font fi durs qu'on ne peut pas aujourd'hui faire tout ce qu'on veut.

Je m'en apperçois , pauvre femme , car fi tu pouvois tout ce que tu veux , ou peux vouloir , encore un coup , tu ne ferois pas en un fi piteux état. Mais enfin , que penfes tu faire ? je prens pitié de ton fort.

Je penfe , Monfieur *Jérome* , à vaincre , ou à mourir.

Diable ! Eft-ce que tu as été à la guerre ? Tu parles comme un foldat , tout jufte comme un *Suiffe.* As-tu déja reçu , ou donné quelques lardons ? As-tu fait les dernieres Campagnes ? As-tu été à *Rosbach* comme moi ? Va , va , procès , ni guerre , ça ne vaut rien ; on s'y ruine toujours. — Et tout de bon , tu entens faire procès ! — Ma foi , Monfieur *Jérome* , tout le monde me le confeille. La procédure eft déja bien avancée , & on me dit que , je ne puis qu'avoir gain de caufe. Procès gagné , je me moquerai bien de mon Seigneur ; s'il vient chez moi , parbleu , je lui montrerai bien les dents.

Ne

Ne t'y fie pas ; va, crois moi: accommodé toi promptement , fi tu peux , avec ton Seigneur, ça vaut mieux. — Oh! pour ça, non. Et que diroit l'autre Seigneur? — Eh! bien, laiffe là l'autre Seigneur ; fais la paix avec le tien; paffe avec lui un bon contract; retourne chez toi, & ne fais pas la trucheufe comme tu fais , car ça pourroit encore durer long-tems. L'hiver approche ; c'eft que tu pourrois fort bien coucher fur la paille, ou à la belle étoile, & ça n'eft pas gracieux. — Oh ça ! l'autre Seigneur ne me laiffera pas coucher à la porte, ni à la belle étoile, ni fur la paile ; il me retirera bien chez lui, j'efpère, car il me la promis. — Oui, oui, promis, mais nage toujours, ne t'y fie pas.

Mais, que voulez-vous que je faffe Monfieur *Jérome*? — Je te le dis: fais un bon arrangement avec ton Seigneur, qu'il te laiffe le champ de ton père & de ta mère, qu'il t'y laiffe vivre le refte de tes jours, moïennant une redevance honnête que tu lui payeras annuellement; voilà pour toi ce que tu as de mieux à faire; ça vaut mieux que tous tes procès, & toutes les promeffes de ton autre Seigneur qui te laiffe demander l'aumone aux portes, & crever de faim & de foif.

Il eft vrai, Monfieur *Jérome*, que je fais maigre chére, mais, j'ai efpérance. — Efpérance de quoi? d'aller mourir un jour à l'hôpital; de courir la ville, les champs; de geufer ton pain dans le monde, tant que tu pourras te traîner ; voilà parbleu une belle efpérance!
tiens:

tiens : j'ai pitié des pauvres gens, écoute, & voici ce que j'ai à te conseiller pour ton bien.

l'Autre Seigneur me paroit t'avoir engusée, & avoir usé d'engin & d'industrie avec toi, pour s'approprier peut-être un jour à venir ton champ, ton pré, ta vigne, le fruit de la sueur de ton front & de celle de tes enfans, si tu en as. Crois moi: laisse le là! qu'il s'aille promener, puis qu'il t'a promis, dis-tu, & qu'il ne tient pas ses promesses, & qu'il te laisse trucher, mendier de ville en ville, de pays en pays! — Retourne vîte chez ton premier: demande lui pardon, comme il faut ; jette toi à ses pieds ; ton piteux état ne peut que lui toucher le cœur, lui remuer les entrailles, s'il en a.

l'Autre Seigneur, crois moi, a ses vues, ses desseins ; & un grand Seigneur, comme tu dis qu'il est, ne se rabaisseroit pas si bas que de se compromettre avec une trucheuse comme tu es, s'il n'avoit quelque intérêt, & un plan tout formé dans la tête.

Crois moi ; je suis par fois Prophéte ; je te le dis: ne t'y fie pas. Car, pauvre femme, tu risques d'être toujours couverte de haillons, de guenilles, de vieux morceaux de tapisserie de bergame, de demander l'aumône de porte en porte, & de te faire mordre les os des jambes par les chiens.....

Et *Jérome* de s'éveiller tout de bon, & de ne plus se rendormir ; de réfléchir sérieusement, de faire de profonds commentaires sur son rêve, & d'en conclure vraiment ce qu'en conclura tout le monde.

I